교과서 위주, 입시위주, 흥미위주의

속담 고사

속담 고사성어

편자 김영배

일신서적출판사

일러두기

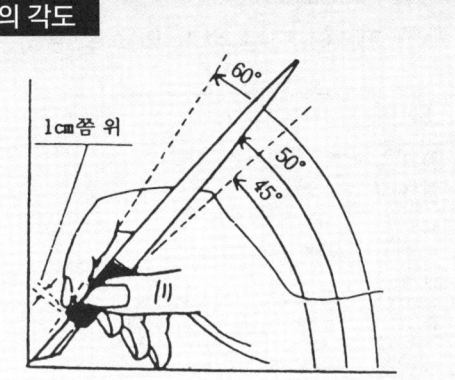

펜의 각도

1 바른자세

글씨를 예쁘게 쓰고자 하는 마음과 함께 몸가짐을 바르게 해야 아름다운 글씨를 쓸 수 있다. 편안하고 부드러운 자세를 갖고 써야 한다.

① 앉은자세 : 방바닥에 앉은 자세로 쓸 때에는 양 엄지발가락과 발바닥의 윗부분을 얕게 포개어 앉고, 배가 책상에 닿지 않도록 한다. 그리고 상체는 앞으로 약간 숙여 눈이 지면에서 30cm 정도 떨어지게 하고, 왼손으로는 종이를 가볍게 누른다.
② 걸터앉은 자세 : 의자에 앉아 쓸 경우에도 앉을 때 두 다리를 어깨 넓이만큼 뒤로 잡아당겨 편안한 자세를 취한다.

2 펜대를 잡는 요령

① 펜대는 펜대 끝에서 1cm 가량 되게 잡는 것이 알맞다.
② 펜대는 45~60° 만큼 몸 쪽으로 기울어지게 잡는다.
③ 집게손가락과 가운뎃손가락, 엄지손가락 끝으로 펜대를 가볍게 쥐고 양손가락의 손톱 부리께로 펜대를 안에서부터 받쳐 잡고 새끼손가락을 바닥에 받쳐 준다.
④ 지면에 손목을 굳게 붙이면 손가락끝만으로 쓰게 되므로 손가락끝이나 손목에 의지하지 말고 팔로 쓰는 듯한 느낌으로 쓴다.

범례

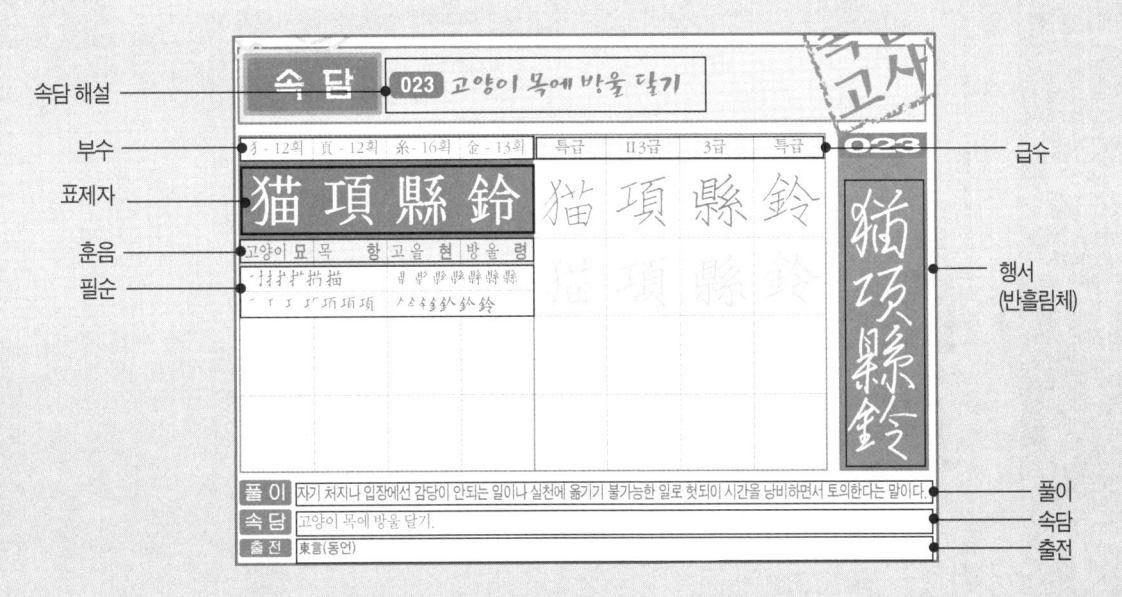

4 한자의 기본 획 익히기 (1)

한자의 기본 획 익히기

● 기본이 되는 점과 획을 충분히 연습한 다음 본문의 글자를 쓰십시오.

上	一	一
工	二	二
王	三	三
少	丿	丿
大	丿	丿
女	乀	乀
人	丶	丶
寸	亅	亅
下	丨	丨
中	丨	丨
目	𠃌	𠃌
句	勹	勹
子	乛	乛

한자의 기본 획 익히기 (2)

京永小火千江無起建近成毛室風	丶	丶							
	丶	丶							
	小	小							
	㇏	㇏							
	ノ	ノ							
	氵	氵							
	灬	灬							
	走	走							
	廴	廴							
	辶	辶							
	乚	乚							
	し	し							
	宀	宀							
	㇃	㇃							

일반적인 한자의 필순

● 例外의 것들도 많지만 여기에서의 漢字 筆順은 대개 一般的으로 널리 쓰이는 것임.

1. 위에서 아래로
위를 먼저 쓰고 아래는 나중에

一 二 三, 一 丁 工

2. 왼쪽에서 오른쪽으로
왼쪽을 먼저, 오른쪽을 나중에

丿 丿丨 川, 丿 亻 仁 代 代

3. 밖에서 안으로
둘러싼 밖을 먼저, 안을 나중에

丨 冂 冃 日, 丨 冂 冂 用 田

4. 안에서 밖으로
내려긋는 획을 먼저, 삐침을 나중에

亅 亅 小, 一 二 丁 示

5. 왼쪽 삐침을 먼저
① 左右에 삐침이 있을 경우

亅 亅 小, 一 十 圡 主 夫 亦 赤

② 삐침 사이에 세로획이 없는 경우

丿 尸 尸 尺, 丶 亠 亠 六

6. 세로획을 나중에
위에서 아래로 내려긋는 획을 나중에

丨 冂 冂 中, 丨 冂 冂 田 甲

7. 가로 꿰뚫는 획은 나중에
가로획을 나중에 쓰는 경우

乚 乄 女, 了 了 子

8. 오른쪽 위의 점은 나중에
오른쪽 위의 점을 맨 나중에 찍음

一 ナ 大 犬, 一 二 亍 式 式

9. 책받침은 맨 나중에

一 厂 厃 斤 近 近 近
丷 丷 뽀 关 쏬 送 送

10. 가로획을 먼저
가로획과 세로획이 교차하는 경우

一 十 古 古 古, 一 十 士 吉 志
一 十 ナ 支, 一 十 土
一 二 ナ 未 末, 一 十 廾 共 共 共

11. 세로획을 먼저
① 세로획을 먼저 쓰는 경우

丨 冂 冂 由 由, 丨 冂 冂 用 田

② 둘러싸여 있지 않은 경우에는 가로획을 먼저 쓴다.

一 丅 千 王, 丶 亠 十 キ 主

12. 가로획과 왼쪽 삐침
① 가로획을 먼저 쓰는 경우

一 ナ ナ 左 左, 一 ナ 广 左 在

② 위에서 아래로 삐침을 먼저 쓰는 경우

丿 ナ 才 右 右, 丿 ナ ナ 冇 有 有

속담 고사성어 쓰기

● 쓰기 교본으로는
최초로 시도되어
출간된 본 속담 고사성어!

어휘력 향상은 물론
통솔력 향상으로
리더쉽을 함양케
함으로써 장래 웅변가로의
변모가 가능하게 심혈을
기우렸습니다.

세계인으로서 갖추어야
할 이치와 처세가
이곳으로부터 배양될 수 있으며
응축된 의지를 펼 수 있는
길 또한 이곳에 숨어 있습니다.

본 교본을 학습하시는 분에게
명예와 영예로움이 이 책으로부터
효시되었으면 하는 간절한
소망을 담아기원합니다.

속담 001 가난은 나라도 구제 못한다

貝 - 11획	宀 - 10획	丿 - 4획	貝 - 15획	II 4급	7급	II 3급	특급
貧	家	之	賙	貧	家	之	賙
가난할 빈	집 가	갈 지	구제할 주				
分分分分貧貧貧	宀宀宀宀家家	丶一之	貝貝貝貝賙賙				

001 貧家之賙

풀이 貧家之賙 天下其憂(가빈지주 천하기우)란 말의 앞 구로 가난한 백성은 나라에서도 손 쓸 수 없다는 뜻이다.

속담 가난은 나라도 구제 못한다.

출전 耳談(이담)

속담 002 가르친 사위

戶 - 9획	攵 - 11획	丿 - 4획	土 - 12획	7급	8급	II 3급	특급
所	教	之	壻	所	教	之	壻
바 소	가르칠 교	갈 지	사위 서				
戶戶戶戶所所所	乂 多 孝 孝 孝 教 教	丶一之	一土坦坥坥壻壻				

002 所教之壻

풀이 매사 일처리를 제 스스로 하지 못하고 가르치고 시켜서야 하는 사람을 조롱하는 뜻의 속담고사.

속담 가르친 사위

출전 東言(동언)

속담 003 가뭄에 콩나듯

日 - 7획	日 - 10획	大 - 4획	凵 - 5획	3급	7급	6급	7급
旱	時	太	出	旱	時	太	出
가물 한	때 시	클 태	날 출				
丨 口 曰 日 旦 旱 旱	一 ナ 大 太						
日 旷 旷 旷 旹 時 時	丨 十 屮 出 出						

풀이 어떤 일이나 물건 등이 어쩌다 한 번씩 드문드문 나타남을 의미한 속담고사.
속담 가뭄에 콩 나듯(한다).
출전 東言(동언)

속담 004 가자니 태산이요, 돌자니 숭산이라

辶 - 12획	辶 - 10획	糸 - 14획	谷 - 7획	II 4급	II 4급	3급	II 3급
進	退	維	谷	進	退	維	谷
나아갈 진	물러날 퇴	이을 유	골짜기 곡				
亻 亻 亻 隹 隹 進 進	幺 糸 糽 綽 紳 維 維						
𠃍 ᄀ 戸 皀 艮 退 退	丿 𠂉 ケ 欠 父 谷 谷						

풀이 앞으로 가지도 못하고 뒤로 돌아갈 수도 없는 곤경한 처지나 상황에 빠져 그 막막함을 이르는 말.
속담 어떤 일이 잘 안 될 때에는 공교롭게 일이 어긋나고 빗나가는 수가 많다는 말.
출전 東言(동언)

속담 005 가재는 게 편이요, 초록은 동색이라

++ - 10획	糸 - 14획	口 - 6획	色 - 6획	7급	6급	7급	7급
草	綠	同	色	草	綠	同	色
풀 초	초록빛 록	같을 동	빛 색				
草	綠	同	色				

005 草綠同色

풀이 끼리끼리 놀다는 의미로 상황·처지·모양 등이 비슷한 사람끼리 모인다는 의미의 말이다.
속담 가재는 게 편이요, 초록은 동색이라.
출전 故事應用(고사응용)

속담 006 갈치가 갈치 꼬리를 문다

口 - 6획	方 - 11획	目 - 9획	爪 - 8획	7급	6급	5급	5급
同	族	相	爭	同	族	相	爭
한가지 동	겨레 족	서로 상	다툴 쟁				

006 同族相爭

풀이 갈치가 동족인 갈치 꼬리를 문다는 뜻으로 동족·친척·친구 등을 서로 헐뜯는다는 뜻의 속담이다.
속담 갈치가 갈치 꼬리를 문다.
출전 故事應用(고사응용)

속담 007 갖에서 좀 난다

自 - 6획	彳 - 8획	生 - 5획	虫 - 18획	7급	II3급	8급	II4급
自	彼	生	蟲				
스스로 자	저 피	날 생	벌레 충				
′ 亻 亻 自 自 自	′ ヽ 丬 牛 生						
′ 彳 彳 彳 彷 彼 彼	虫 虫 虫 蟲 蟲 蟲 蟲						

007 自彼生蟲

풀이 자기 피부에서 좀 난다는 뜻으로 한 형제나 집안끼리의 다툼을 빗대어 비꼬는 속담고사

속담 갖에서 좀 난다.

출전 故事應用(고사응용)

속담 008 같은 값이면 다홍치마

口 - 6획	人 - 15획	糸 - 9획	衣 - 14획	7급	5급	4급	3급
同	價	紅	裳				
한가지 동	값 가	붉을 홍	치마 상				
丨 冂 冂 同 同 同	′ ′ ′ 糸 紅 紅 紅						
亻 亻 價 價 價 價	㳄 㳄 堂 㳄 裳 裳 裳						

008 同價紅裳

풀이 同價粉紅(동가분홍)이란 말과도 같은데 이왕이면 값진 것, 좋은 것, 유리한 조건 등을 택한다는 말.

속담 같은 값이면 다홍치마.

출전 東言(동언)

속담 009 개구리도 움추려야 멀리 뛴다

寸 - 11획	飛 - 9획	羽 - 17획	人 - 6획	II 4급	II 4급	II 3급	4급
將	飛	翼	伏	將	飛	翼	伏
장수 **장**	날 **비**	날개 **익**	엎드릴 **복**				
丨丬爿扩將將將		羽羽羿翌翌翼翼					
飞飞飞飛飛飛		丿亻亻仆伏伏					

풀 이 원래 將飛者翼伏(장비자익복)이다. 개구리 주저앉은 뜻은 멀리 뛰자는 의미의 말로 큰 일을 해내기 위해선 준비를 그만큼 해야 한다는 말.

속 담 개구리도 움추려야 멀리 뛴다.

출 전 故事應用(고사응용)

속담 010 개나 말도 주인에게 충성한다

犭- 8획	馬 - 10획	丿- 4획	心 - 4획	3급	5급	II 3급	7급
狗	馬	之	心	狗	馬	之	心
개 **구**	말 **마**	갈 **지**	마음 **심**				
丿犭犭狗狗狗狗		、一う之					
一厂厂厅厂馬馬馬		、心心心					

풀 이 개나 말도 주인의 심정을 헤아려 충성하는데 하물며 '인간이란 작자가…' 하며 개나 말을 닮아라 하는 듯 조롱 섞인 말.

속 담 개나 말도 주인에게 충성한다.

출 전 故事應用(고사응용)

속담 011 개를 따라가면 측간으로 간다

車 - 13획	犭- 8획	女 - 6획	厂- 11획	II3급	3급	II4급	특급
較	狗	如	厠	較	狗	如	厠
비교할 교	개 구	같을 여	뒷간 측				
車 車' 軒 軒 軒 較 較		〈 〈 夕 女 如 如					
丿 彳 犭 犳 狗 狗 狗		丿 厂 厂 厈 厠 厠 厠					

011 較狗如厠

풀 이 질이 좋지 않은 사람과 사귀게 되면 결국 좋지 못한 길로 빠지게 된다는 속담 고사.
속 담 개를 따라가면 측간(변소)으로 간다.
출 전 東言(동언)

속담 012 개 머루 먹듯

走 - 7획	馬 - 10획	目 - 9획	山 - 3획	II4급	5급	4급	8급
走	馬	看	山	走	馬	看	山
달아날 주	말 마	볼 간	메 산				
一 十 土 キ キ 走 走		一 二 チ 禾 看 看 看					
一 厂 冂 閂 馬 馬 馬		丨 山 山					

012 走馬看山

풀 이 수박 겉 핥기와 같은 의미로 달리는 말에서 강산을 구경하듯 내용을 알지 못하고 건성으로 넘어간다는 고사.
속 담 개 머루 먹듯(한다).
출 전 故事應用(고사응용)

속담 013 개밥에 도토리

犭- 8획	食 - 13획	木 - 16획	宀 - 14획	3급	II3급	특급	5급
狗	飯	橡	實				
개 구	밥 반	상수리 상	열매 실				
ノ 丿 犭 狗 狗 狗 狗		一 十 木 木 栌 栌 樗 橡	宀 宀 宀 宀 宀 寊 實 實				
人 今 今 今 食 食 飯 飯							

풀이 개가 먹지 않는 도토리처럼 주위 사람들과 어울리지도 못하고 혼자서 겉돈다는 의미의 속담고사.
속담 개밥에 도토리.
출전 東言(동언)

속담 014 개와 원숭이는 철천지 원수지간

犬 - 4획	犭- 13획	丿 - 4획	門 - 12획	4급	특급	II3급	7급
犬	猿	之	間				
개 견	원숭이 원	갈 지	사이 간				
一 ナ 大 犬		丶 亠 ソ 之					
ノ 犭 犭 犭 犾 猝 猿		丨 冂 冂 門 門 門 問 間					

풀이 개와 원숭이는 서로 앙숙간이다. 이 개와 원숭이처럼 앙숙으로 지내는 사이를 비유하여 일컫는 속담고사.
속담 개와 원숭이는 철천지 원수지간.
출전 故事應用(고사응용)

속담 015 개천에서 용났다

門 - 12획	巛 - 3획	龍 - 16획	凵 - 5획	6급	7급	4급	7급
開	川	龍	出	開	川	龍	出
열 개	내 천	용 룡	날 출				

풀이 완성구로는 開川龍出乎(개출용출호)가 원문이다. 비천한 집안에서 훌륭한 인물이 나왔을 때 쓰이는 속담고사.

속담 개천에서 용났다.

출전 東言解(동언해)

속담 016 거북이 잔등의 털 긁는다

龜 - 16획	月 - 9획	刂 - 8획	毛 - 4획	3급	II 4급	특급	II 4급
龜	背	刮	毛	龜	背	刮	毛
거북이 귀	등 배	긁을 괄	털 모				

풀이 완성구로는 龜背上刮毛(귀배상괄모)가 원문이다. 거북이 등에 없는 털을 긁듯 구할 수 없는 것을 구하려 한다는 속담고사.

속담 거북이 잔등의 털 긁는다.

출전 旬五(순오)

속담 017 거지가 하늘을 불쌍타 한다

乙 - 3획	人 - 2획	忄-15획	大 - 4획	2급	8급	3급	7급
乞	人	憐	天				
거지 걸	사람 인	가엾을 련	하늘 천				
丿 一 午 乞	丿 人	忄 忄 忄 忄 怜 怜 憐	一 二 于 天				

풀이 제 처지를 생각치 못하고 자기보다 나은 사람을 동정하거나 불쌍하다 입만 나불대는 사람을 비꼬는 말.
속담 거지가 하늘을 불쌍타 한다.
출전 松南(송남)

속담 018 검둥개 목욕시키듯

灬 - 10획	犭- 8획	丿- 4획	氵- 10획	II3급	3급	II3급	5급
烏	狗	之	浴				
까마귀 오	개 구	갈 지	목욕 욕				
丿 亻 户 白 烏 烏 烏	丿 犭 犭 犳 狗 狗 狗	丶 亠 之	氵 氵 氵 浴 浴 浴 浴				

풀이 원문은 烏狗浴(오구욕)이다. 본래 검은 개를 깨끗하게 해 준다하여 하얀 개가 될 수 없듯이 악한 사람은 좀처럼 선량해지기 힘들다는 말이다.
속담 검둥개 목욕 시키듯.
출전 東言(동언)

속담 019 계란에도 뼈가 있다

鳥 - 21획	卩 - 7획	月 - 6획	骨 - 10획	4급	4급	7급	4급
鷄	卵	有	骨	鷄	卵	有	骨
닭 계	알 란	있을 유	뼈 골				
´ ⺍ 奚 劲 鷄 鷄	´ ⺊ ㇰ 夘 夘 卵	一 ナ 才 冇 有 有	冂 冎 咼 骨 骨 骨				

풀이 운수나 일진이 나쁜 사람은 그날따라 무슨 일을 해도 안 풀릴 때 푸념으로 하는 말이다.
속담 계란에도 뼈가 있다.
출전 松南(송남), 東言(동언)

속담 020 계 술에 낯내기

大 - 9획	酉 - 10획	生 - 5획	面 - 9획	II3급	4급	8급	7급
契	酒	生	面	契	酒	生	面
맺을 계	술 주	날 생	낯 면				
三 ま 却 却 契 契 契	氵 汀 沂 沪 洒 酒 酒	ノ ト 牛 牛 生	丆 丆 而 而 面 面				

풀이 상주 술에 낯내기, 상주 쌀에 낯내기와 같은 의미의 말로 남의 것으로 생색을 내는 사람을 비꼬는 말.
속담 계(契) 술에 낯내기.
출전 東言(동언)

속담 021 계집 한, 오뉴월에도 서리 내린다

二 - 4획	月 - 4획	飛 - 9획	雨 - 17획	8급	8급	II 4급	II 3급
五	月	飛	霜	五 月 飛 霜			
다섯 오	달 월	날 비	서리 상				
一 丁 五 五 / 刀 月 月 月		飞 飞 飞 飛 飛 飛	一 雨 雫 霜 霜 霜 霜				

021 五月飛霜

풀이 완성구로 一婦含怨(일부함원)이면 五月飛霜(오월비상)이라는 원문이다. 여자가 한을 품으면 오뉴월 더위에도 서리가 내린다는 경계의 말이다.
속담 계집 한(恨) 오뉴월에도 서리 내린다.
출전 松南(송남)

속담 022 고래 싸움에 새우 등 터진다

魚 - 19획	戈 - 16획	魚 - 20획	歹 - 6획	특급	6급	특급	6급
鯨	戰	鰕	死	鯨 戰 鰕 死			
고래 경	싸울 전	새우 하	죽을 사				
〃 各 魚 魚 魴 魨 鯨 鯨 一 甲 묘 單 單 戰 戰		〃 各 魚 魚 魴 鰕 鰕 鰕 一 厂 歹 歹 死					

022 鯨戰鰕死

풀이 또 다른 말로 鯨鬪鰕死(경투하사)라고도 한다. 남의 싸움에 뛰어 들거나 곁에 있다가 피해를 입거나 망신을 당한다는 경계의 말이다.
속담 고래 싸움에 새우 등 터진다.
출전 旬五(순오), 東言(동언)

속담 023 고양이 목에 방울 달기

犭-12획	頁-12획	糸-16획	金-13획	특급	II3급	3급	특급
猫	項	縣	鈴				
고양이 묘	목 항	고을 현	방울 령				
一丆犭犷犷猫	県 影 影 縣 縣 縣						
一丆工玎項項	스소金釒鈴鈴						

풀이 자기 처지나 입장에선 감당이 안되는 일이나 실천에 옮기기 불가능한 일로 헛되이 시간을 낭비하면서 토의한다는 말이다.
속담 고양이 목에 방울 달기.
출전 東言(동언)

속담 024 곧은 나무일수록 먼저 베인다

目-8획	木-4획	儿-6획	人-6획	6급	8급	8급	II4급
直	木	先	伐				
곧을 직	나무 목	먼저 선	칠 벌				
一ナ十冇冇直直	ノ一ㅗ牛生步先						
一十才木	ノイ仁代伐伐						

풀이 동서고금을 막론하고 경쟁상대나 촉망받는 똑똑한 부하를 두고 경계심을 갖지 않는 사람이 없고해서 곧은 사람은 눈밖에 나기 마련이라는 속담고사.
속담 곧은 나무일수록 먼저 베인다(찍힌다).
출전 故事應用(고사응용)

속담 025 공중을 쏴도 알관만 맞춘다

人 - 6획	寸 - 10획	穴 - 8획	貝 - 11획	II3급	4급	7급	II3급
仰	射	空	貫				
우러를 **앙**	쏠 **사**	빌 **공**	꿸 **관**				
ノ亻亻亻仰仰	亠宀宀宀空空						
丿冂身身射射	口四毌毌毌貫貫貫						

풀이 힘들이지 않고 한 일이 뜻밖에 아주 지대한 성과를 거두게 되었을 때 하는 말로 射空中鵠(사공중곡)이라고도 한다.
속담 공중을 쏴도 알관만 맞춘다.
출전 列上(열상)

속담 026 과공은 비례다

辶 - 13획	心 - 10획	非 - 8획	示 - 18획	5급	3급	II4급	6급
過	恭	非	禮				
지날 **과**	공손할 **공**	아닐 **비**	예도 **례**				
口日咼咼咼過過	ノ丨ヨ非非非						
卄共共共恭恭恭	示 祀 禮 禮 禮 禮						

풀이 지나치게 공경하거나 추켜세우는 일은 예가 아니다라는 뜻으로 지나침에는 본심이 아닐 수도 있다는 말.
속담 과공은 비례다.
출전 故事應用(고사응용)

속담 027 관(官) 돼지 배앓기

宀-8획	犭-12획	月-13획	疒-12획	II 4급	특급	3급	4급
官	猪	腹	痛	官	猪	腹	痛
벼슬관	돼지저	배 복	아플 통				
丶宀宀宀宀官官	丿犭犭狆狆猪	月旷胪胪胪腹腹	亠广广疒疒病痛痛				

풀이 관가의 돼지 배 앓는 격이란 의미로 관가의 돼지가 배를 앓아도 누가 알아서 걱정해 주는 이 없다는 말.

속담 관 돼지 배앓기.

출전 旬五(순오), 東言(동언)

속담 028 구관이 명관이다

臼-18획	宀-8획	口-6획	宀-8획	5급	II 4급	7급	II 4급
舊	官	名	官	舊	官	名	官
옛 구	벼슬관	이름명	벼슬관				
雚雚雚雚舊舊舊	丶宀宀宀宀官官	丿クタタ名名	丶宀宀宀宀官官				

풀이 먼저 있었던 사람이 지금의 사람보다 일을 더 잘했을 때 아쉬워하며 옛사람을 격상시켜 현재를 푸념하는 속담이다.

속담 구관이 명관이다(나간 머슴이 일은 잘했다).

출전 故事應用(고사응용)

속담 029 굴원이 제 몸 추키듯 한다

自 - 6획	田 - 12획	自 - 6획	言 - 26획	7급	6급	7급	4급
自	畵	自	讚	自	畵	自	讚
스스로 자	그림 화	스스로 자	기릴 찬				
′ 亻 自 自 自 自	ㄱ ㅋ 圭 圭 書 書 畵	′ 亻 自 自 自 自	言 誩 讚 讚 讚 讚 讚				

029 自畵自讚

풀이 자기 글에 자화자찬이 많았던 추나라 때 문장가 굴원을 빗대어 자기 자랑이 심한 사람을 비꼬는 말이다.

속담 굴원이 제 몸 추키듯 한다.

출전 故事應用(고사응용)

속담 030 권세는 십 년을 가지 못한다

木 - 22획	一 - 4획	十 - 2획	干 - 6획	II 4급	7급	8급	8급
權	不	十	年	權	不	十	年
권세 권	아니 불	열 십	해 년				
木 朴 栌 栌 柿 桦 權	一 丆 オ 不	一 十	′ 仁 仁 仨 年 年				

030 權不十年

풀이 勢無十年(세무십년)이란 말과 같다. 아무리 권세가 흥해있더라도 花無十日紅(화무십일홍)처럼 달도 차면 기운다는 뜻이다.

속담 권세는 십 년을 가지 못한다.

출전 故事應用(고사응용)

속담 고사성어 23

속담 031 귀막고 방울 도둑질한다

扌-11획	耳-6획	皿-12획	金-13획	특급	5급	4급	특급
掩	耳	盜	鈴				
가릴 엄	귀 이	도둑 도	방울 령				
一十才扩护掩掩		氵氵次次盗盗盗					
一厂FFF耳		ノヒキ全金釒釒鈴					

031 掩耳盜鈴

풀이 쉽게 말해 아무 효과도 없는 일로 가랑잎으로 눈 가리고 아웅한다는 뜻의 말이다.
속담 귀막고 방울 도둑질 한다.
출전 松南(송남)

속담 032 그림의 떡

田-12획	ㅣ-4획	ノ-4획	食-17획	6급	8급	II3급	특급
畵	中	之	餠				
그림 화	가운데 중	갈 지	떡 병				
フユ聿聿聿書書畵		、亠ナ之					
丶口口中		ノ入入乍食食'餠					

032 畵中之餠

풀이 형상을 보고도 가질 수 없거나 먹을 수 없는 그림속의 떡처럼 전혀 실속이 없는 일에 심열을 기우리지 말라는 경계의 말이다.
속담 그림의 떡.
출전 旬五(순오), 松南(송남)

속담 033 그 아비에 그 아들

父 - 4획	人 - 13획	子 - 3획	人 - 13획	8급	5급	7급	5급
父	傳	子	傳	父	傳	子	傳
아비 부	전할 전	아들 자	전할 전				
´ ´ ゲ 父	亻 亻 仴 伸 伸 傳 傳	了 了 子	亻 亻 仴 伸 伸 傳 傳				

풀이 같은 의미의 고사로 虎父犬子(호부견자)가 있다. 콩 심은데 콩 난다는 의미로 자식은 부모를 닮는다는 속담고사.
속담 그 아비에 그 아들.
출전 故事應用(고사응용)

속담 034 기는 놈 위에 나는 놈 있다

齒 - 15획	一 - 3획	月 - 6획	齒 - 15획	II 4급	7급	7급	II 4급
齒	上	有	齒	齒	上	有	齒
이 치	윗 상	있을 유	이 치				
ㅣ ㅏ ㅑ 兹 齒 齒	一 ナ 才 有 有 有		ㅣ ㅏ ㅑ 兹 齒 齒				
ㅣ ㅏ 上							

풀이 치아 위에 치아가 있다는 말로 의미를 부연시키는 말이다. 탁월한 사람보다 탁월한 사람이 있기 마련이라는 속담고사.
속담 기는 놈 위에 나는 놈 있다.
출전 故事應用(고사응용)

속담 035 까마귀 날자 배 떨어진다

灬-10획	飛-9획	木-11획	艹-13획	II3급	II4급	II3급	5급
烏	飛	梨	落	烏	飛	梨	落
까마귀 오	날 비	배 리	떨어질 락				

035 烏飛梨落

풀이 뜻밖의 일이 동시에 일어나 서로간에 관련이 있거나 공모자로 혐의를 받게 된다는 뜻의 속담고사.
속담 까마귀 날자 배 떨어진다.
출전 旬五(순오)

속담 036 까마귀도 부모 공양한다

又-4획	口-10획	丿-4획	子-7획	6급	특급	II3급	7급
反	哺	之	孝	反	哺	之	孝
돌이킬 반	먹일 포	갈 지	효도 효				

036 反哺之孝

풀이 새끼 때의 까마귀도 자라서 늙은 어미에게 먹이를 물어다 준다는 뜻으로 하물며 인간이...라는 경계의 속담고사.
속담 까마귀도 부모(어미) 공양한다.
출전 故事應用(고사응용)

속담 **037** 꼬부랑 자지 제 발등에 오줌눈다

自 - 6획	木 - 13획	自 - 6획	彳 - 11획	7급	6급	7급	II 4급
自	業	自	得	自	業	自	得
스스로 자	일 업	스스로 자	얻을 득				
ノイ自自自自		ノイ自自自自		自	業	自	得
″ 业业业业業業		彳彳彳得得得得					

037 自業自得

풀이 누워서 침 뱉기, 자기 자신이 저지른 잘못은 결국 자기에게 그 화가 미친다는 경계의 속담고사.
속담 꼬부랑 자지 제 발등에 오줌 눈다.
출전 故事應用(고사응용)

속담 **038** 꼴 베어 신을 삼겠다

糸 - 12획	++ - 10획	土 - 12획	心 - 10획	5급	7급	II 4급	II 4급
結	草	報	恩	結	草	報	恩
맺을 결	풀 초	갚을 보	은혜 은				
纟 糸 糹 紅 結 結 結		土 호 후 幸' 郣 報 報		結	草	報	恩
″ ⺾ 艹 艹 莒 草		冂 円 因 因 恩 恩 恩					

038 結草報恩

풀이 풀을 베어 신을 삼아 발바닥의 고통을 감수하며 입은 은혜를 잊지 않고 보답하겠다는 의지의 속담고사.
속담 꼴 베어 신을 삼겠다.
출전 故事應用(고사응용)

속담 039 꼴 보고 이름 짓는다(짓고)
(아랫구 040과 연관짓는 구(句)이다)

口 - 6획	見 - 12획	八 - 8획	豸 - 14획	7급	II 4급	II 3급	3급
名	視	其	貌	名	視	其	貌
이름 **명**	볼 **시**	그 **기**	모양 **모**				
ノクタタ名名		一甘甘甘其其其					
禾利利祁祖視視		豸豸豸豸豹豹貌					

풀이 무슨 일이든 그 모양이나 형태에 알맞게 해야 한다는 뜻으로 일에는 정도가 있음을 경계시키는 속담고사.
속담 꼴(모양) 보고 이름 짓는다.
출전 耳談(이담)

속담 040 체수 맞춰 옷 만든다

衣 - 6획	見 - 12획	八 - 8획	骨 - 23획	6급	II 4급	II 3급	6급
衣	視	其	體	衣	視	其	體
옷 **의**	볼 **시**	그 **기**	몸 **체**				
、一ナ才衣衣		一甘甘甘其其其					
禾利利祁祖視視		日骨骨骨骨體體體體					

풀이 위의 039와 같은 의미의 구로 그 사람의 풍체를 보아 옷을 만드는 것처럼 명성은 그 사람의 덕(德)만큼 입혀진다는 말.
속담 체수(치수) 맞춰 옷 만든다.
출전 耳談(이담)

속담 041 꿀먹은 벙어리다

食-9획	虫-14획	ノ-4획	口-11획	7급	3급	II3급	특급
食	蜜	之	哑	食 蜜 之 哑			
먹을 식	꿀 밀	갈 지	벙어리 아				
人人今今今食食食		、ーナ之		食 蜜 之 哑			
宀安安客密密蜜		ロロ叶呀啞					

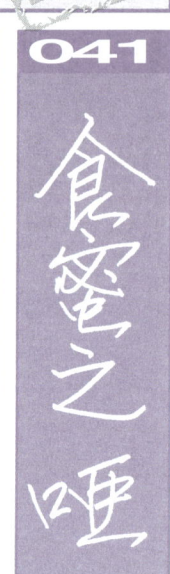

풀 이 완성구는 食蜜兒(식밀아)이다. 꿀을 입안에 머금고 있어 말을 못하는 것처럼 알면서도 함구함을 이르는 말.
속 담 꿀먹은 벙어리다.
출 전 東言(동언)

속담 042 꿩 먹고 알 먹는다

食-9획	隹-13획	食-9획	卩-7획	7급	특급	7급	4급
食	雉	食	卵	食 雉 食 卵			
먹을 식	꿩 치	먹을 식	알 란				
人人今今今食食食		人人今今今食食食		食 雉 食 卵			
ノ 匕 矢 矢 矢 矢 雉 雉		、 ヒ ㅌ 白 的 的 卵					

풀 이 一擧兩得(일거양득)과도 같은 의미의 말이다. 한 가지의 일로 두 가지의 이익이 예상될 수 있는 일을 강조하는 속담고사.
속 담 꿩 먹고 알 먹는다.
출 전 松南(송남)

속담 043 끼리끼리 논다

頁 - 19획	頁 - 19획	目 - 9획	彳 - 11획	5급	5급	5급	4급
類	類	相	從	類	類	相	從
무리 류	무리 류	서로 상	좇을 종				

* 类 粪 類 類 類 類
* 类 粪 類 類 類 類
十 才 木 初 相 相 相
彳 彳 彳 彳 於 從 從

풀이 서로 처지나 환경이 엇비슷한 사람들끼리 편을 이루어 어울린다는 뜻으로 부정적 의미가 강한 속담.
속담 끼리끼리 논다.
출전 故事應用(고사응용)

속담 044 나루건너 배 타기

走 - 12획	氵 - 9획	丿 - 10획	舟 - 11획	II3급	특급	II3급	5급
越	津	乘	船	越	津	乘	船
넘을 월	나루 진	탈 승	배 선				

十 丰 丰 走 走 赴 越 越
氵 氵 氵 津 津 津
二 千 千 乖 乖 乘 乘
月 月 舟 舟 船 船 船

풀이 가까이 있는 것을 버리고 구태어 먼 곳에 있는 것을 취하는 우매함이나 일의 순서가 뒤바뀌어 체제가 없음을 이르는 말.
속담 나루 건너 배 타기.
출전 旬五(순오), 東言(동언)

속담 045 나 부를 노래 사돈이 부른다

戈 - 7획	欠 - 14획	木 - 9획	口 - 11획	II3급	7급	5급	5급
我	歌	查	唱				
나 아	노래 가	조사할 사	노래부를 창				
´ 二 千 手 我 我 我		十 木 木 杳 杳 查 查					
ㅁ 可 哥 哥 歌 歌 歌		ㅁ 吅 吅 吅 吅 唱 唱					

풀이 我歌君唱(아가군창)과 같은 맥락의 말로 내가 하려던 일을 괘씸하게 상대가 먼저 할 때 쓰이는 속담고사.
속담 나 부를 노래 사돈이(먼저) 부른다.
출전 東言(동언)

속담 046 나중에 난 뿔이 우뚝 선다

彳 - 9획	生 - 5획	角 - 7획	山 - 3획	7급	8급	6급	8급
後	生	角	山				
뒤 후	날 생	뿔 각	메 산				
彳 彳 徉 徉 徉 後 後		´ ⺈ 角 角 角 角					
´ ㅗ 牛 牛 生		ㅣ 山 山					

풀이 먼저 난 머리카락보다 나중에 난 뿔이 더 무섭다는 의미로 선배보다 후배가 낫다라는 의미의 속담고사.
속담 나중에 난 뿔이 우뚝 선다.
출전 東言(동언)

속담 047 남 다락에 오르게 하고 사다리 치운다
(=나무에 오르게 하고 흔든 격)

癶 - 12획	木 - 15획	ム - 5획	木 - 11획	7급	3급	5급	특급
登	樓	去	梯	登	樓	去	梯
오를 등	다락 루	갈 거	사다리 제				
𠂉 𠂆 癶 癶 癶 登 登	木 木 杧 杧 相 樓 樓	一 十 土 去 去	一 十 木 木 杉 桦 梯 梯				

047 登樓去梯

풀이 남에게 불행을 주거나 남의 불행을 즐긴다는 역한 심보를 격하게 비꼬는 속담고사

속담 남 다락에 오르게 하고 사다리 치운다.

출전 松南(송남)

속담 048 낫 놓고 기역자도 모른다

目 - 5획	一 - 4획	言 - 19획	一 - 2획	6급	7급	5급	4급
目	不	識	丁	目	不	識	丁
눈 목	아닐 불	알 식	고무래 정				
丨 冂 冃 目 目	一 ア 不 不	言 言 言 訪 識 識 識	一 丁				

048 目不識丁

풀이 무식·무지의 사람을 보다 강하게 비꼬는 말로 丁字(정자)를 눈으로 보고도 알지 못한다는 뜻이다.

속담 낫 놓고 기역자도 모른다.

출전 故事應用(고사응용)

속담 049 낮말은 새가(고) 듣는다
(아랫구 050과 연관 짓는 구(句)이다)

日 - 11획	言 - 14획	鳥 - 11획	耳 - 22획	6급	7급	II4급	4급
晝	語	鳥	聽	晝	語	鳥	聽
낮 주	말씀 어	새 조	들을 청				
ㄱㅋㅋ聿聿畵畵晝	言言訂語語語	′′′′′′自自鳥鳥	耳耵耵耹聽聽聽				

풀이 晝語雀聽(주어작청)과 晝言雀聽(주언작청)과도 같은 의미로 낮말은 새가 듣는다는 속담고사

속담 낮말은 새가 듣는다.

출전 東言(동언)

속담 050 밤말은 쥐가 듣는다

夕 - 8획	言 - 14획	鼠 - 13획	耳 - 11획	6급	7급	특급	특급
夜	語	鼠	聆	夜	語	鼠	聆
밤 야	말씀 어	쥐 서	들을 령				
亠亠广疒疒夜夜	言言訂語語語	′′′自自自鼠鼠鼠	「Ⅰ耳耹聆聆聆				

풀이 夜言鼠聆(야언서령)과 같은 말로 제아무리 극비의 말도 뱉음으로써 그 비밀을 온전히 지킬 수 없다는 경계의 속담고사.

속담 밤말은 쥐가 듣는다.

출전 東言(동언)

속담 051 내 코가 석자다

二-4획	鼻-14획	一-3획	尸-4획	8급	5급	8급	II3급
吾	鼻	三	尺	吾	鼻	三	尺
다섯 오	코 비	석 삼	자 척				
一丁五五	ㅅ 白 舁 臭 鼻 鼻 鼻	一 二 三	ㄱ ㄲ 尸 尺				

풀 이 완성구로는 吾鼻涕垂三尺(오비체수삼척) 또는 吾鼻涕三尺曳(오비체삼척예)란 말로 남의 처지를 이해해 주기 보다는 자기 처지가 더 급박하다 말.

속 담 내 코가 석자다.

출 전 旬五(순오), 松南(송남), 洌上(열상)

속담 052 네 탓 아니면 내 소뿔 부러지랴

氵-6획	土-16획	扌-7획	角-7획	II3급	3급	4급	6급
汝	墻	折	角	汝	墻	折	角
너 여	담 장	꺾을 절	뿔 각				
丶 丶 氵 汝 汝 汝	土 圹 圹 圹 墻 墻 墻	一 十 扌 扩 扩 折 折	丿 ⺈ 个 角 角 角 角				

풀 이 남 때문에 이득을 잃었거나 손해를 보았을 때 푸념이나 항의로 쓰이는 속담고사.

속 담 네 담 아니면 내 소 뿔 부러지랴.

출 전 故事應用(고사응용)

속담 053 노루 피하니 범이 온다

辶-17획	犭-14획	辶-11획	虍-8획	4급	특급	II3급	II3급
避	獐	逢	虎	避 獐 逢 虎			
피할 피	노루 장	만날 봉	범 호	避 獐 逢 虎			
尸 弓 辟 辟 避 避	丿 犭 犷 狞 猎 獐 獐	夂 夆 夆 夆 逢 逢	一 卜 卢 广 卢 虎 虎				

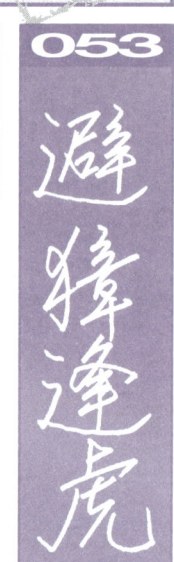

풀이 쉬운 일을 치우니 점점 어려운 일이 이어져 갈수록 태산이라는 설상가상의 처지를 푸념하는 속담고사.
속담 노루 피하니 범이 온다.
출전 東言(동언)

속담 054 놀란 가슴 솥뚜껑 보고 놀란다

人-13획	弓-3획	丿-4획	鳥-11획	4급	II3급	II3급	II4급
傷	弓	之	鳥	傷 弓 之 鳥			
상할 상	활 궁	갈 지	새 조	傷 弓 之 鳥			
亻 亻 俨 俨 俥 傷 傷	一 二 弓	丶 一 之	亻 鸟 鸟 鸟 鳥 鳥 鳥				

풀이 화살을 한 번 맞아 혼이 난 새처럼 크게 놀란 경험의 사물을 보면 불에 딘듯 놀라게 된다는 속담고사.
속담 놀란 가슴 솥뚜껑보고 놀란다.
출전 故事應用(고사응용)

속담 055 높은 베개 베고 자면 단명한다

高 - 10획	木 - 8획	矢 - 12획	口 - 8획	6급	3급	6급	7급
高	枕	短	命				
높을 고	베개 침	짧을 단	목숨 명				

풀이 높은 베게를 베고 자면 오래 살지 못한다는 우리 조상의 지혜가 담긴 건강에 관한 속담고사.
속담 높은 베개를 베고 자면 단명한다.
출전 故事應用(고사응용)

속담 056 누가 흥이야 항이야 하랴

臼 - 16획	人 - 6획	忄 - 9획	人 - 6획	II4급	특급	II3급	특급
興	伊	恒	伊				
일어날 흥	저 이	항상 항	저 이				

풀이 자기와 상관없는 남의 일에 그 구가 이래라 저래라 할 수 있겠는가하는 경계의 속담고사.
속담 누가 흥이야 항이야 하랴.
출전 松南(송남)

속담 057 누울 자리 봐 가며 다리를 뻗어라

里 - 12획	衣 - 10획	人 - 7획	足 - 7획	5급	특급	3급	7급
量	衾	伸	足	量	衾	伸	足
헤아릴 양	이불 금	펼 신	발 족				
日旦早昌昌量量	丿入今仐仐佥衾	丿亻仃仲仲伸	丨口口卩卫足足				

量衾伸足

풀이 乃展厥足(내전궐족)이란 말과도 상통하는 뜻으로 지금의 처지나 다가올 일의 과정을 미리 생각해 가면서 시작하라는 속담고사.

속담 누울 자리 봐 가며 다리를 뻗어라.

출전 旬五(순오)

속담 058 다리 아래서는 원도 꾸짖는다

木 - 16획	一 - 3획	口 - 9획	人 - 10획	5급	7급	특급	특급
橋	下	咤	倅	橋	下	咤	倅
다리 교	아래 하	꾸짖을 타	버금 쉬				
木木杧枺桥橋橋	一丁下	口口咜咤咤	亻亻伫伫倅倅				

橋下咤倅

풀이 안보는 데서는 대통령도 욕한다는 말과 맥락을 같이하는 뜻으로 대개 상대가 없는 곳에선 욕하고 원망하는게 인간의 속성이라는 속담고사.

속담 다리 아래서는 원도 꾸짖는다.

출전 旬五(순오)

속담 059 달는 데 발 내민다

走-7획	前-9획	出-5획	足-7획	II 4급	7급	7급	7급
走	前	出	足	走	前	出	足
달아날 주	앞 전	날 출	발 족				
一十土+キ キ 走走		丨 丨 丨 中 出 出					
丶 丷 丷 亠 亠 亠 亍 首 首 前 前		丨 口 口 口 口 足 足					

풀이 쉽게 말해 딴죽을 건다는 뜻이다. 곧 남이 하는 일을 곱상히 보지 못하고 그 일을 방해한다는 속담고사.
속담 달는 데 발 내민다.
출전 東言(동언)

속담 060 달리는 말에 채찍질

走-7획	馬-10획	力-5획	革-18획	II 4급	5급	5급	특급
走	馬	加	鞭	走	馬	加	鞭
달아날 주	말 마	더할 가	채찍 편				
一十土+キ キ 走走		フ カ カ 加 加					
一 厂 冂 FF 馬 馬 馬		ㅂ 브 브 革 靯 鞭 鞭 鞭					

풀이 잘 달리는 말에 채찍질하는 속 좁은 인간의 속성을 이르는 말로 어떤 일을 보다 잘 하도록 격려한다는 의미이지만 부정적 의미도 간과할 수 없다.
속담 달리는 말에 채찍질.
출전 故事應用(고사응용)

속담 061 달면 삼키고 쓰면 뱉는다

甘 - 5획	口 - 7획	艹 - 9획	口 - 6획	4급	특급	6급	3급
甘	吞	苦	吐				
달 감	삼킬 탄	괴로울 고	토할 토				
一十卄廿甘	一二チ天夭呑	丬丱艹놀芏苦苦	丶口口叶叶吐				

풀이 자기에게 이로우면 수용하고 불리하다치면 침 뱉듯 멀리 한다는 인간의 이기심을 비꼬는 속담고사.
속담 달면 삼키고 쓰면 뱉는다.
출전 故事應用(고사응용)

속담 062 달아난 노루 보다가 잡은 토끼 놓친다

走 - 7획	犭 - 14획	艹 - 13획	儿 - 7획	II4급	특급	5급	3급
走	獐	落	兎				
달아날 주	노루 장	떨어질 락	토끼 토				
一十土キキ走走	丿犭犭犷猎猎獐	丬丱艹汁汝落落	一口日召乒兎兎				

풀이 과욕을 경계하는 말로 과욕을 이성을 잃을 정도 부리게 되면 이루어 소유하고 있는 것조차 잃게 된다는 속담고사.
속담 달아난 노루(를) 보다가 잡은 토끼를 놓친다.
출전 東言(동언)

속담 063 닭 벼슬 될지언정 쇠꼬리를 되지마라

鳥 - 21획	口 - 3획	牛 - 4획	彳 - 9획	4급	7급	5급	7급
鷄	口	牛	後	鷄	口	牛	後
닭 계	입 구	소 우	뒤 후				

063 鷄口牛後

풀이 큰 조직의 말단보담 작은 곳에서의 수뇌가 되는 게 인간승리의 가능성이 더 크다는 암시적 속담고사.
속담 닭 벼슬 될지언정 쇠꼬리는 되지마라.
출전 故事應用(고사응용)

속담 064 대신댁 송아지, 백정 무서운 줄 모른다

目 - 11획	一 - 3획	灬 - 12획	人 - 2획	II 45급	7급	5급	8급
眼	下	無	人	眼	下	無	人
눈 안	아래 하	없을 무	사람 인				

064 眼下無人

풀이 자신의 상사나 윗전의 권세를 믿고 거만하고 포악하게 권력을 남용한다는 속담고사.
속담 대신댁 송아지, 백정 무서운 줄 모른다.
출전 故事應用(고사응용)

속담 065 대청 빌려 방에 들어간다

人 - 10획	广 - 25획	人 - 10획	門 - 14획
借	廳	借	閨
빌릴 차	관청 청	빌릴 차	안방 규
亻亻𠀎𠈌借借借		亻亻𠀎𠈌借借借	
亠广厂斤庐廳廳		丨𠃌𠃌門門閈閨	

II3급	4급	II3급	3급
借	廳	借	閨

풀이 대청을 빌려 주었더니 방까지 들어온다는 속담으로 사정을 봐 주니 갈수록 더 큰 것을 요구한다는 속담고사.
속담 대청 빌려 방에(까지) 들어간다.
출전 旬五(순오)

속담 066 더운 죽에 혀 데기

灬 - 15획	米 - 12획	扌 - 11획	舌 - 6획
熱	粥	接	舌
더울 열	죽 죽	붙일 접	혀 설
亠十초호執執熱		扌扩护护接接接	
弓弓𢎘𢎘弼弼粥		一二千千舌舌	

5급	특급	II4급	4급
熱	粥	接	舌

풀이 대단치 않은 일에 지레 겁을 먹고 바싹 덤벼들지 못하는 소심함과 나태함을 비꼬는 속담고사.
속담 더운 죽에 혀 데기.
출전 東言(동언)

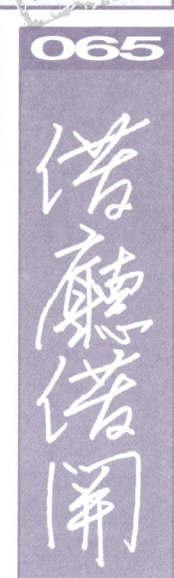

속담 067 도둑놈에게 문 열어 준 꼴

門 - 12획	門 - 8획	糸 - 10획	貝 - 13획	6급	8급	4급	4급
開	門	納	賊	開	門	納	賊
열 개	문 문	들일 납	도둑 적				
「 「 門 門 門 門 開 開		ㄠ 幺 糸 糸 紉 納 納		開	門	納	賊
丨 冂 冂 門 門 門 門		目 貝 貝 貝 貯 賊 賊					

開門納賊

- 풀 이: 고양이에게 반찬 가게를 맡긴 꼴이란 뜻으로 어떤 화근을 스스로 불러들인 결말의 푸념적 속담고사.
- 속 담: 도둑놈에게 문 열어 준 꼴(셈).
- 출 전: 故事應用(고사응용)

속담 068 도둑이 매를 든다

貝 - 13획	又 - 4획	艹 - 11획	木 - 7획	4급	6급	II3급	특급
賊	反	荷	杖	賊	反	荷	杖
도둑 적	돌이킬 반	멜 하	지팡이 장				
目 貝 貝 貯 賦 賊 賊		艹 艹 艾 芢 芢 荷 荷		賊	反	荷	杖
一 厂 厃 反		一 十 才 木 村 杖					

賊反荷杖

- 풀 이: 도둑질한 놈이 도리어 매를 들듯 주인에게 큰소리 친다는 속담고사.
- 속 담: 도둑이 매를 든다.
- 출 전: 旬五(순오), 松南(송남)

속담 069 돈만 있으면 귀신도 부린다

月-6획	金-16획	人-8획	鬼-10획	7급	4급	6급	3급
有	錢	使	鬼	有	錢	使	鬼
있을 유	돈 전	부릴 사	귀신 귀				
一ナオ有有有	钅金鈛錢錢錢錢	亻亻亻仁戶使使	白白血血免鬼鬼				

풀이 완성구로 有錢 使鬼神(유전사귀신)이다. 금전의 위력을 푸념 내지 의욕까지로 나타내는 속담고사.
속담 돈만 있으면 귀신도 부린다.
출전 松南(송남)

속담 070 돌담 배부른 것(같으니)

石-5획	土-16획	食-14획	月-13획	6급	3급	3급	3급
石	墻	飽	腹	石	墻	飽	腹
돌 석	담 장	배부를 포	배 복				
一ア不石石	土圹圹坊墙墻墻	𠂉今今食釣釣飽	月腴胪胪腹腹				

풀이 사발 이 빠진 것, 봄비 잦은 것 등과 같은 의미로 어떤 일에 아무 소용없고 도리어 해로운 존재라는 뜻으로 비꼬는 속담고사.
속담 돌담 배부른 것.
출전 稗官(패관)

속담 071 동관 삼월이다

木 - 8획	見 - 25획	一 - 3획	月 - 4획	8급	5급	8급	8급
東	觀	三	月	東	觀	三	月
동녘 동	볼 관	석 삼	달 월				

풀 이 옛날 궁중의 문고였던 동관에 삼월이란 궁녀가 남루한 옷차림에 씻지도 않았는데 그녀처럼 차림새가 지저분한 사람을 비유한 속담고사.

속 담 동관 삼월이다.

출 전 松南(송남)

속담 072 동무 몰래 양식 내기

言 - 16획	人 - 7획	凵 - 5획	米 - 18획	특급	특급	7급	4급
諱	伴	出	糧	諱	伴	出	糧
꺼릴 휘	짝 반	날 출	양식 량				

풀 이 남모르게 비용을 들여 애썼지만 요령 부족과 방법이 서툴러 아무런 성과가 없었음을 푸념하는 속담고사.

속 담 동무 몰래 양식 내기.

출 전 旬五(순오), 耳談(이담)

속담 073 동여맨 놈이 푼다

糸-12획	耂-9획	角-13획	ノ-4획	5급	6급	II 4급	II 3급
結	者	解	之	結 者 解 之			
맺을 결	놈 자	풀 해	갈 지				
幺 糸 紆 紆 結 結	十 土 耂 者 者 者	角 角 角 解 解 解 解	丶 一 亠 之				

結者解之

풀이 어떤 하자나 시행착오가 있을 때 그 일을 주관한 사람이 책임을 지고 해결하거나 끝맺어야 한다는 속담고사.

속담 동여맨 놈이 푼다(풀어야 한다).

출전 旬五(순오)

속담 074 동헌에서는 원님 칭찬한다

行-13획	Ⅰ-4획	言-21획	人-8획	특급	8급	II 3급	특급
衙	中	譽	倅	衙 中 譽 倅			
마을 아	가운데 중	명예 예	버금 쉬				
丿 彳 行 行 徆 徆 衙 衙	丨 口 口 中	卸 銰 與 與 舉 譽 譽	亻 仁 仫 伜 倅 倅				

衙中譽倅

풀이 옛날 원님이 정사를 펼치던 동헌에서는 원님 칭찬뿐이다라는 뜻으로 제 집에서 자기 자랑하는 격이라는 속담고사.

속담 동헌에서는 원님(을) 칭찬한다.

출전 旬五(순오)

속담 고사성어 45

속담 075 두루 춘풍

口 - 5획	面 - 9획	日 - 9획	風 - 9획	8급	7급	7급	6급
四	面	春	風	四	面	春	風
넉 사	낯 면	봄 춘	바람 풍				
丨口冂四四		一三声夫春春春					
一厂丆而而面面		丿几凡凤凤風風					

풀이 사방에서 두루두루 봄바람이 분다는 뜻으로 언제 어디서든 줏대없이 누구에게나 좋게만 대해 주는 사람을 비꼬는 속담고사.

속담 두루 춘풍.

출전 東言(동언)

속담 076 두 손에 든 떡

入 - 8획	手 - 4획	土 - 11획	食 - 17획	II4급	7급	II3급	특급
兩	手	執	餠	兩	手	執	餠
두 량	손 수	잡을 집	떡 병				
一丂丙丙兩兩兩		土圥坴幸幸執執					
一二三手		丿𠆢𠆢𠂊食食餠					

풀이 일거양득(一擧兩得)과 연하는 속담으로 양 손에 떡을 든 것처럼 기꺼운 일이 두 가지 이상 있어 어떤 것을 먼저 해야 될 지 모른다는 속담고사.

속담 두 손에 든 떡.

출전 東言(동언), 松南(송남), 旬五(순오)

속담 077 둔한 말이 열 수레 끈다

馬 - 15획	馬 - 10획	十 - 2획	馬 - 15획	특급	5급	8급	특급
駑	馬	十	駕	駑	馬	十	駕
둔한말 노	말 마	열 십	수레 가				

풀이 조롱의 의미도 있지만 대개는 긍정적으로 우직한 사람을 비유하여 재주없는 사람도 열심히 노력하면 훌륭한 사람 버금간다는 속담고사.

속담 둔한 말이 열 수레(를) 끈다.

출전 故事應用(고사응용), 荀子(순자)

속담 078 뒤웅박 차고 바람잡는다

扌- 10획	風 - 9획	扌- 10획	彡 - 15획	II3급	6급	4급	II3급
捕	風	捉	影	捕	風	捉	影
잡을 포	바람 풍	잡을 착	그림자 영				

풀이 주둥이 좁은 뒤웅박으로 바람을 잡으려 하듯 허무맹랑한 말을 일삼으며 과신하는 사람을 비꼬는 속담고사.

속담 뒤웅박 차고 바람 잡는다.

출전 松南(송남)

속담 079 드는 돌에 낯 붉힌다

手 - 18획	石 - 5획	糸 - 9획	頁 - 18획	5급	6급	4급	II 3급
擧	石	紅	顔	擧	石	紅	顔
들 거	돌 석	붉을 홍	얼굴 안				

079 擧石紅顔

[풀이] 무거운 돌을 들게 되면 혈맥이 솟고 얼굴이 붉어지듯 어떤 일에서나 그 결과에는 원인이 있다는 속담고사.
[속담] 드는 돌에 낯 붉힌다.
[출전] 東言(동언)

속담 080 등 시린 절 받기 싫다

又 - 8획	月 - 9획	宀 - 10획	手 - 9획	II 4급	II 4급	5급	II 4급
受	背	害	拜	受	背	害	拜
받을 수	등 배	해칠 해	절 배				

080 受背害拜

[풀이] 늘상 자기에게 푸대접하던 사람이 갑자기 자기에게 후한 대접을 하는 것이 기껍지 않고 속이 보여 싫다는 푸념의 속담고사.
[속담] 등 시린 절 받기 싫다.
[출전] 東言(동언)

속담 081 등잔 밑이 어둡다

火 - 16획	一 - 3획	一 - 4획	日 - 8획	II4급	7급	7급	6급
燈	下	不	明	燈	下	不	明
등잔 등	아래 하	아닐 불	밝을 명				

081 燈下不明

풀이 먼 곳의 사정은 소문이나 추적 등으로 잘 알지만 정작 가까운 곳의 사정은 어둡다는 속담고사.
속담 등잔 밑이 어둡다.
출전 東言(동언)

속담 082 딸 먼저 낳고 아들 낳아라

儿 - 6획	艹 - 8획	彳 - 9획	木 - 8획	8급	7급	7급	6급
先	花	後	果	先	花	後	果
먼저 선	꽃 화	뒤 후	과실 과				

082 先花後果

풀이 여기서 花(화)는 딸, 果(과)는 아들을 표현한 구(句)로 먼저 딸 낳고 나중에 아들 낳는 것이 한 가정으로 보아 조화롭다는 속담고사.
속담 먼저 딸 낳고 뒤에 아들 낳는다.
출전 故事應用(고사응용)

속담 083 똥 누러 갈 때 마음 다르고 올 적 마음 다르다

女-6획	厂-11획	二-2획	心-4획	II4급	특급	8급	7급
如	厠	二	心	如厠二心			
같을 여	뒷간 측	두 이	마음 심				
ㄑ ㄑ 女 如 如 如	ㄧ 厂 厓 厓 厠 厠	一 二	㇀ 心 心 心				

풀이 耳談(이담)의 완성구로 上厠而歸心異去時(상유이귀심이거시)이다. 사람의 마음이란 한결같지 않아 아쉬울 때는 달라붙고 그 일이 끝나면 모른 체한다는 속담고사.

속담 똥 누러 갈 때 마음 다르고 올 적 마음 다르다.

출전 故事應用(고사응용)

속담 084 마른 나무에서 물 내기

乙-11획	木-4획	生-5획	水-4획	II3급	8급	8급	8급
乾	木	生	水	乾木生水			
마른 건	나무 목	날 생	물 수				
ㄧ ㄊ 吉 卓 卓 乾 乾	一 十 オ 木	ノ ㇀ 牛 牛 生	㇀ 기 水 水				

풀이 乾木水生(건목수생)이라고도 한다. 없는 것을 막무가내로 내놓으라고 억지를 쓸 때 푸념으로 내뱉는 속담고사.

속담 마른 나무에서 물 내기(짜기).

출전 松南(송남), 旬五(순오), 東言(동언)

속담 085 마른 하늘에 날벼락

青 - 8획	大 - 4획	雨 - 21획	雨 - 24획	8급	7급	특급	특급
青	天	霹	靂	青	天	霹	靂
푸를 청	하늘 천	벼락 벽	벼락 력				
＝ ＋ 主 丰 青 青 青	一 二 チ 天	雨 雨 零 雺 雿 霹 霹	雨 雨 雺 霹 霹 靂 靂 靂				

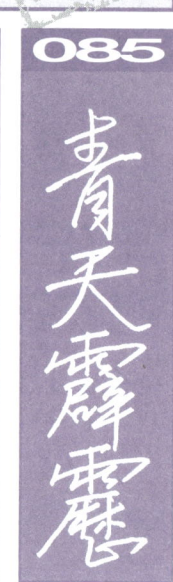

풀이 뜻밖의 큰 재앙을 만난다는 의미로 권선징악을 강조한 뜻과 자신의 진실을 엇대어 강조하는 뜻을 내포하고 있다.
속담 마른 하늘에 날벼락(맞는다).
출전 故事應用(고사응용)

속담 086 만나면 반드시 헤어짐이 있다

日 - 13획	耂 - 9획	宀 - 8획	隹 - 19획	6급	6급	6급	4급
會	者	定	離	會	者	定	離
모을 회	놈 자	정할 정	떠날 리				
人 人 合 合 合 會 會 會	＋ 土 耂 者 者 者 者	丶 宀 宀 宀 宇 定 定	吉 亨 离 离 离 離 離 離				

풀이 만나는 사람은 반드시 헤어짐이 있다는 이별의 의미와 **生者必滅**(생자필멸)이란 생사를 극화 시킨 의미의 속담고사.
속담 만나면 반드시 헤어짐이 있다.
출전 故事應用(고사응용)

속담 087 말똥에 굴러도 이승이 좋다

車 - 18획	米 - 17획	一 - 5획	木 - 15획	4급	특급	7급	6급
轉	糞	世	樂	轉	糞	世	樂
구를 전	똥 분	인간 세	즐길 락				
車 軒 軒 軒 轉 轉 轉		一 十 丗 丗 世					
丷 半 米 薔 薔 蕢 糞		ή 纳 绅 樂 樂 樂 樂					

풀 이 아무리 고생이 심하고 비천하게 살지언정 죽는 것보다 이 세상에 살아 숨쉬는 것이 보람있다는 속담고사.

속 담 말똥에 굴러도(저승보다는) 이승이 좋다.

출 전 松南(송남)

속담 088 말에 뼈가 있다

言 - 7획	ㅣ - 4획	月 - 6획	骨 - 10획	6급	8급	7급	4급
言	中	有	骨	言	中	有	骨
말씀 언	가운데 중	있을 유	뼈 골				
ヽ 亠 ㄍ 言 言 言 言		一 ナ 才 有 有 有					
ヽ 口 口 中		冂 冃 冎 咼 骨 骨 骨					

풀 이 겉으로는 말이 부드러운 듯하나 그 말 속의 의미가 비양거림이나 다른 속뜻이 있다는 속담고사.

속 담 말(言)에 뼈가 있다. 말에 가시가 있다.

출 전 故事應用(고사응용)

속담 089 말 잃고 마구간 고친다

大 - 5획	馬 - 10획	氵- 8획	广- 14획	6급	5급	II 4급	특급
失	馬	治	廏	失 馬 治 廏			
잃을 **실**	말 **마**	다스릴 **치**	마구간 **구**	失 馬 治 廏			
′ ⌒ ⌒ 步 失		′ 氵 氵 氵 治 治 治					
⌒ ⌒ ⌒ 馬 馬 馬		广 庐 庐 庐 廏 廏 廏					

089 失馬治廏

풀이 소용있을 때 쓰지 못하고, 일을 그르친 뒤에야 손을 써서 정작 아무런 소용이 없음을 비꼬는 속담고사.
속담 말 잃고 마구간 고친다.
출전 旬五(순오)

속담 090 망치가 가벼우면 못이 솟는다

木 - 12획	車 - 14획	金 - 10획	耳 - 17획	특급	5급	특급	특급
椎	輕	釘	聳	椎 輕 釘 聳			
방망이 **추**	가벼울 **경**	못 **정**	솟을 **용**	椎 輕 釘 聳			
′ 十 木 木 椎 椎		′ ′ 亇 钅 金 釒 釘					
車 車 軋 軨 輕 輕 輕		彳 彳 從 從 從 聳 聳 聳					

090 椎輕釘聳

풀이 윗사람이 엄하지 않으면 아랫사람이 경망스럽게 되거나 반항을 하게 된다는 의미의 속담고사.
속담 망치(마치)가 가벼우면 못이 솟는다.
출전 旬五(순오)

속담 091 머리를 삶으면 귀까지 익는다

···-11획	頁-16획	耳-6획	···-15획	특급	6급	5급	II3급
烹	頭	耳	熟	烹	頭	耳	熟
삶을 팽	머리 두	귀 이	익을 숙				
亠亡亨亨亨烹		一厂厂厂토耳					
日豆豆豆新頭頭		日亨享執執執熟					

091 烹頭耳熟

풀 이 한 가지 일을 잘 해내면 거기에 딸린 다른 일까지 해결된다는 의미와 우두머리를 잡으면 아랫 것들도 잡을 수 있다는 속담고사.

속 담 머리를(머릴) 삶으면 귀까지 익는다.

출 전 旬五(순오), 松南(송남)

속담 092 먹을 가까이 하면 검어진다

辶-8획	土-15획	耂-9획	黑-12획	6급	II4급	6급	5급
近	墨	者	黑	近	墨	者	黑
가까울 근	먹 묵	놈 자	검을 흑				
丿丆斤斤近近近		十土耂者者者者					
口四日甲里黑墨墨		口四日甲里黑黑					

092 近墨者黑

풀 이 질이 좋지 못한 사람이나 친구와 어울리게 되면 결국 못된 행실을 닮게 되어 비루한 인간이 된다는 속담고사.

속 담 먹을 가까이 하면 검어진다.

출 전 松南(송남)

속담 093 먼 친척보다 가까운 이웃이 낫다

辶-14획	方-11획	辶-8획	阝-15획	6급	6급	6급	II3급
遠	族	近	隣	遠	族	近	隣
멀 원	겨레 족	가까울 근	이웃 린				

- **풀이** 비록 이웃은 남이지만 위급할 때 서로 도와 줄 수 있는 정이 있어 멀리 떨어진 친척보다 나을 수 있다는 속담고사.
- **속담** 먼 친척(사촌)보다 가까운 이웃이 낫다.
- **출전** 旬五(순오), 遠族不如近隣(원족불여근린) - 東言(동언)

093 遠族近隣

속담 094 며느리 늙어 시어미 된다

女-11획	老-6획	爪-12획	女-8획	II4급	7급	II4급	II3급
婦	老	爲	姑	婦	老	爲	姑
지어미 부	늙을 로	할 위	시어미 고				

- **풀이** 심한 시집살이의 고초를 겪은 며느리일수록 시어미가 되면 더 심하게 자기 며느리를 구박하게 된다는 속담고사.
- **속담** 며느리 늙어 시어미 된다.
- **출전** 耳談(이담)

094 婦老爲姑

속담 095 모기 보고 칼 빼기

見 - 7획	虫 - 10획	扌 - 8획	刂 - 15획	5급	특급	3급	II3급
見	蚊	拔	劍	見	蚊	拔	劍
볼 견	모기 문	뺄 발	칼 검				
丨冂冂目目見	口中虫虫 虸虸蚊	一十扌扩扐拔拔	𠆢𠆢合合侴劍劍				

풀이 하찮은 일에 발끈하여 속 좁게 구는 사람을 빗대어 비꼬는 속담고사.
속담 모기 보고(발견하고) 칼 빼기. 중을 보고 칼 뽑기.
출전 松南(송남)

속담 096 모래 위에 집짓는 격

氵- 7획	一 - 3획	木 - 15획	門 - 14획	II3급	7급	3급	II3급
沙	上	樓	閣	沙	上	樓	閣
모래 사	윗 상	다락 루	누각 각				
丶丶氵氵沙沙沙	丨卜上	木术杧柙相樓樓	丨𠃌門門門閣閣				

풀이 기반이 약하거나 기초가 없는 곳에 누각을 세워 오래 유지 못할 결말을 보듯 해도 안되거나 하여도 유명무실 할 일을 하려고 할 때 비꼬는 속담고사.
속담 모래 위에 집짓는 격(이다).
출전 故事應用(고사응용)

속담 097 모로 가도 서울만 가면 된다

斗 - 11획	行 - 6획	扌- 8획	亠 - 8획	3급	6급	II3급	6급
斜	行	抵	京				
비낄 **사**	다닐 **행**	막을 **저**	서울 **경**				

풀이 烈上(열상)의 橫步行好去京(횡보행호거경)과 같은 의미이다. 방법이야 어떻든 목적만 달성하면 된다는 의지의 속담고사.

속담 모로 가도 서울만 가면 된다.

출전 東言(동언)

속담 098 모진 놈 곁에 있다가 벼락 맞는다

心 - 12획	人 - 12획	辶 - 11획	雨 - 13획	5급	3급	II3급	3급
惡	傍	逢	雷				
악할 **악**	곁 **방**	만날 **봉**	천둥 **뢰**				

풀이 나쁜 사람을 가까이 하면 나쁜 사람이 벌받을 때 그 벌을 함께 받을 수 있다는 경계의 속담고사.

속담 모진 놈 곁에 있다가 벼락 맞는다. 모진 놈 옆에서 벼락 맞는다.

출전 故事應用(고사응용)

속 담 099 모처럼 태수 되니 턱이 떨어진다

扌 - 7획	戈 - 7획	目 - 11획	日 - 8획	5급	6급	II4급	3급
技	成	眼	昏	技	成	眼	昏
재주 기	이룰 성	눈 안	저물 혼				
一十扌扌扩抆技	丿厂厂厅成成成	丨冂目目1眼眼眼	一匚匸氏昏昏昏				

풀 이 뜻한 바 소원이 이루어졌음에도 복이 없어 모든 게 허사가 되고 말았을 때 내뱉은 푸념의 속담고사.
속 담 모처럼 태수(太守)되니 턱이 떨어진다.
출 전 故事應用(고사응용)

속 담 100 무는 호랑이 뿔이 없다

口 - 16획	虍 - 8획	灬 - 12획	角 - 7획	특급	II3급	5급	6급
噬	虎	無	角	噬	虎	無	角
씹을 저	범 호	없을 무	뿔 각				
口口口㗊哔哞噬噬	丨𠂉𠂉广广虎虎	丿𠂉𠂉無無無無	丿ク夕角角角角				

풀 이 인간이 모든 장점을 다 갖출 수는 없다는 의미로 제 아무리 똑똑해도 사람인 다음에야 결점이 있다는 속담고사.
속 담 무는 호랑이(에게는) 뿔이 없다.
출 전 東言(동언)

속담 101 무당이 제 굿 못한다

工 - 7획	一 - 4획	自 - 6획	示 - 9획	특급	7급	7급	3급
巫	不	自	祈	巫	不	自	祈
무당 무	아닐 불	스스로 자	빌 기				
一丁互巫巫		´ ´ 自 自 自 自					
一ブ不不		二亓示示和祈祈					

풀이 남의 일은 잘 처리해도 정작 자신의 일 처리는 망서림 등으로 힘들다는 속담고사.
속담 무당이 제 굿 못한다(소경이 저 죽는 날 모른다).
출전 耳談(이담)

속담 102 미꾸라지 한 마리가 온 강물을 흐린다

一 - 1획	魚 - 11획	氵- 16획	水 - 4획	8급	5급	3급	8급
一	魚	濁	水	一	魚	濁	水
한 일	물고기 어	흐릴 탁	물 수				
一		氵氵氵汐汐汐汐濁濁					
ク ク 夕 各 奋 魚 魚 魚		亅亅水水					

풀이 망나니같은 못된 한 사람이 좋은 환경을 망쳐 전체적인 분위기를 흐트러 놓는다는 속담고사.
속담 미구라지 한 마리가 온 강물을 흐린다.
출전 故事應用(고사응용)

속담 103 믿는 도끼에 발등 찍힌다.

矢 - 8획	斤 - 8획	足 - 7획	斤 - 9획	5급	특급	7급	특급
知	斧	足	斫	知	斧	足	斫
알 **지**	도끼 **부**	발 **족**	벨 **작**				
ㅗㄷ두午矢知知	ㅛㄠ父父斧斧						
′′乂父父父斧斧	一丆石石斫斫						

103 知斧足斫

풀이 어떤 일에 고대하던 터 믿는 사람의 방해나 배반으로 인해 해를 입고 좌절할 때 푸념으로 내뱉는 속담고사.
속담 믿는 도끼에 발등 찍힌다.
출전 東言(동언), 旬五(순오)

속담 104 바늘보다 실이 굵다

木 - 5획	木 - 5획	頁 - 19획	人 - 10획	6급	5급	특급	3급
本	末	顚	倒	本	末	顚	倒
근본 **본**	끝 **말**	꼭대기 **전**	넘어질 **도**				
一十才木本		′「斤眞眞顚顚顚					
一二丰才末		亻仁作作倅倒倒					

104 本末顚倒

풀이 작아야 할 것이 크고 커야 할 것이 작다는 의미와 두서가 뒤바뀌어 일이 꼬일 때 푸념으로 내뱉는 속담고사.
속담 바늘보다 실이 굵다. 배보다 배꼽이 더 크다.
출전 故事應用(고사응용)

속담 105 밤 잔 원수 없다(없고)
(아래 106번 구(句)와 연한 구이다)

糸 - 13획	夕 - 8획	灬 - 12획	心 - 9획	II 4급	6급	5급	4급
經	夜	無	怨	經	夜	無	怨
경서 경	밤 야	없을 무	원망할 원				

풀이 아무리 큰 원한이라도 제 아무리 큰 미움이라도 세월이 지나면 퇴색한다는 속담고사.
속담 밤 잔 원수 없다(없고).
출전 耳談(이담)

속담 106 날 샌 은혜 없다

日 - 16획	日 - 4획	灬 - 12획	心 - 10획	II 3급	8급	5급	II 4급
曆	日	無	恩	曆	日	無	恩
책력 력	날 일	없을 무	은혜 은				

풀이 절박했던 시절에 감사히 입은 은혜도 세월의 흐름속에 희미해 질 수 있다는 경계의 속담고사.
속담 날 샌 은혜 없다.
출전 耳談(이담)

속담 107 배지 않은 아이 낳으라고 한다

一 - 4획	子 - 5획	弓 - 12획	生 - 11획	7급	특급	6급	5급
不	孕	强	産	不	孕	强	産
아닐 **불**	아이밸 **잉**	강할 **강**	낳을 **산**				

一 フ ア 不
ノ 乃 孕 孕 孕
フ 弓 弘 弘 強 強
亠 立 产 产 产 産 産

풀이 완성구로 **不孕兒强産**(불잉아강산)이다. 불가능하거나 할 수 없는 입장인데 해달라고 무리한 요구를 한다는 푸념의 속담고사.
속담 배지 않은 아이 낳으라고 한다.
출전 東言(동언)

속담 108 벌거벗고 환도 차기

赤 - 7획	月 - 11획	人 - 8획	刂 - 15획	5급	4급	특급	II3급
赤	脫	佩	劍	赤	脫	佩	劍
붉을 **적**	벗을 **탈**	찰 **패**	칼 **검**				

一 十 土 ナ 赤 赤 赤
月 肝 胪 胪 胪 脫
廾 뱀 뱕 革 鞝 鞭 鞭 鞭
ノ 入 仒 仐 僉 劍 劍

풀이 하는 짓이 아주 격에 어울리지 않게 어색한 행동을 일삼는 사람을 비꼬는 속담고사.
속담 벌거벗고 환도 차기.
출전 東言(동언)

속담 109 범새끼 길러 화근 만든다

食 - 15	虎 - 8획	心 - 15획	心 - 11획	5급	II3급	II3급	5급
養	虎	憂	患	養	虎	憂	患
기를 양	범 호	근심 우	근심 환				
ˇ ˇ ㄹ ㅊ 夫 恭 養 養	ㄱ ㅏ ㅑ 广 卢 虎 虎	丆 百 百 恿 恿 憂 憂	口 吕 吊 串 患 患 患				

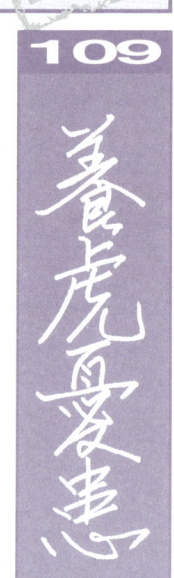

풀이 여리고 가엾은 이를 뒤 봐주며 성장하게 해 주었는데 다 컷다고 은혜는 커녕 배신을 당했을 때 푸념으로 일컫는 속담고사.

속담 범새끼 길러 화근 만든다.

출전 故事應用(고사응용)

속담 110 벼룩의 간을 빼먹어라

虫 - 11획	月 - 13획	凵 - 5획	食 - 9획	특급	4급	7급	7급
蛋	腸	出	食	蛋	腸	出	食
새알 단	창자 장	날 출	먹을 식				
一 丆 疋 疋 疋 疋 蛋 蛋	月 月' 胛 胛 腸 腸 腸	丨 屮 屮 出 出	人 人 今 今 食 食 食				

풀이 열 가진 사람이 하나 가진 사람의 것을 빼앗으러 하거나 적은 이익마저 억지 수단으로 착취하려는 사람에게 내뱉는 속담고사.

속담 벼룩의 간을 빼먹어라.

출전 東言(동언)

속담 111 벼르던 애기 눈이 먼다

欠 - 11획	工 - 5획	又 - 4획	扌 - 8획	II3급	II3급	6급	3급
欲	巧	反	拙	欲	巧	反	拙
하고자할 욕	공교할 교	돌이킬 반	옹졸할 졸				

풀이 벼르고 벼르던 일이 좌절되기 쉽듯 어떤 일을 너무 잘하려고 하면 할수록 도리어 잘 안됨을 이르는 속담고사.

속담 벼르던 애기 눈이 먼다.

출전 故事應用(고사응용)

속담 112 봉사 단청 구경하기

目 - 8획	王 - 8획	丶 - 4획	靑 - 8획	II3급	특급	II3급	8급
盲	玩	丹	靑	盲	玩	丹	靑
소경 맹	즐길 완	붉을 단	푸를 청				

풀이 앞을 볼 수 없는 맹인이 대궐의 단청 구경하듯 어떤 사물의 참 모습을 알 길 없을 때 조롱이나 푸념으로 내뱉는 속담고사.

속담 봉사 단청 구경하기.

출전 旬五(순오)

속담 113 빚(돈) 빌려주고 뺨 맞는다

糸-12획	人-13획	辶-11획	頁-16획	5급	II3급	II3급	특급
給	債	逢	頰	給	債	逢	頰
줄 급	빚질 재	만날 봉	뺨 협				
纟纟纟纟给给給	亻亻亻倩倩債債	夂久冬冬冬逢逢	一丆夹夹㚇頰頰頰				

풀이 남에게 잘 해주고 오히려 욕을 먹었을 때 푸념으로 내뱉는 속담고사.
속담 빚(돈) 빌려주고 뺨 맞는다.
출전 東言(동언)

속담 114 산에 들어가 호랑이를 피하랴

入-2획	山-3획	心-7획	虎-8획	7급	8급	3급	II3급
入	山	忌	虎	入	山	忌	虎
들 입	메 산	꺼릴 기	범 호				
丿入	丨山山	乛ㄱㄹㄹ忌忌忌	丨卜产产虍虎				

풀이 이미 코 앞에 닥친 위험을 도저히 피하지 못할 때 당황스럽게 내뱉는 속담고사.
속담 산에 들어가 호랑이를 피하랴.
출전 旬五(순오)

속담 115 삼정승 사귀지 말고 네 한 몸 조심해라

⺾ - 11획	亠 - 6획	一 - 3획	八 - 4획	II3급	6급	8급	6급
莫	交	三	公	莫	交	三	公
없을 막	사귈 교	석 삼	공변될 공				
艹艹艹莫莫莫	丶亠六亣交	一二三	丿八公公				

풀이 완성구로 莫交三公 愼吾身(막교삼공 신오신)이다. 권세가를 사귀어 도움을 받으려고 애쓰지 말고 제 일을 스스로 잘하면 화근을 피할 수 있다는 귀감의 속담고사.

속담 삼정승 사귀지 말고 네 한 몸 조심해라.

출전 旬五(순오)

속담 116 상전 빨래를 해도 발뒤축이 희어진다

氵- 9획	足 - 15획	足 - 7획	白 - 5획	5급	II3급	7급	8급
洗	踏	足	白	洗	踏	足	白
씻을 세	밟을 답	발 족	흰 백				
氵氵氵沣洪洗洗	趵跙跙跙踏踏踏	丨口口무무足足	丿亻白白白				

풀이 상전의 빨래를 거듭거듭하니 뒤축이 희어졌다는 의미로 남의 일을 해주면 자기에게도 소득이 있다는 속담고사.

속담 상전 빨래를 해도 발뒤축이 희어진다.

출전 旬五(순오), 松南(송남)

속담 117 새 발의 피

鳥 - 11획	足 - 7획	丿 - 4획	血 - 6획	II 4급	7급	II 3급	II 4급
鳥	足	之	血	鳥 足 之 血			
새 조	발 족	갈 지	피 혈				
ノ 「 亻 亻 白 皀 鳥 鳥	丶 亠 之		丶 ノ 亻 白 血 血	鳥 足 之 血			
丨 口 口 口 甲 足 足							

풀 이 새 발의 피처럼 지극히 적은 분량을 말하거나 어떤 일을 두고 떡 먹듯 쉬움을 강조한 속담고사.

속 담 새 발의 피.

출 전 故事應用(고사응용)

속담 118 색시 그루는 다홍치마 때 앉혀야 한다

糸 - 9획	衣 - 14획	攵 - 11획	女 - 8획	4급	3급	8급	II 3급
紅	裳	敎	妻	紅 裳 敎 妻			
붉을 홍	치마 상	가르칠 교	아내 처				
ノ 幺 幺 糸 糸 紅 紅	尚 尚 尚 常 常 堂 裳	丶 ク ネ ヂ 孝 孝 敎	一 一 亖 肀 妻 妻 妻	紅 裳 敎 妻			

풀 이 아내의 버릇은 새색시 시절에 잡아야 한다는 의미의 말로 그 시절 아니면 남편이 아내에 속하여 살 수 밖에 없다는 속뜻의 속담고사.

속 담 색시 그루는 다홍치마 때 앉혀야 한다.

출 전 松南(송남)

속담 119 서당 개 삼년이면 풍월을 읊는다

田 - 13획	犭- 8획	風 - 9획	月 - 4획	5급	3급	6급	8급
當	狗	風	月	當	狗	風	月
마땅 당	개 구	바람 풍	달 월				

풀이 완성구는 當狗三年吠風月(당구삼년폐풍월)이다. 어리석은 사람일지라도 똑같은 것을 늘상 반복적으로 보면 능히 깨달을 수 있다는 속담고사.

속담 서당 개 삼 년이면 풍월을 읊는다.

출전 故事應用(고사응용)

속담 120 서울 까투리

亠 - 8획	田 - 15획	隹 - 13획	隹 - 13획	6급	II3급	3급	특급
京	畿	雌	雉	京	畿	雌	雉
서울 경	경기 기	암컷 자	꿩 치				

풀이 사교적이고 세련된 여자를 가리키는 말이기도 하며 서로 낯익은 허물없는 사이라 조금도 어색함이 없다는 속담고사.

속담 서울 까투리

출전 東言(동언)

속담 121 선무당이 사람 잡는다

生 - 5획	工 - 7획	歹 - 10획	人 - 2획	8급	특급	II 4급	8급
生	巫	殺	人	生	巫	殺	人
날 생	무당 무	죽일 살	사람 인				
ノ ト 누 牛 生		ナ 乎 奈 柔 殺 殺 殺					
一 丁 丌 巫 巫		ノ 人					

풀이 능숙하지도 못한 사람이 경거망동하게 잘난 체 하여 상황을 위태롭게 한다는 의미의 속담고사.
속담 선무당이 사람 죽인다.
출전 東言(동언)

속담 122 세월은 화살처럼 빠르다

儿 - 6획	阝- 11획	女 - 6획	竹 - 15획	6급	II 4급	II 4급	특급
光	陰	如	箭	光	陰	如	箭
빛 광	그늘 음	같을 여	화살 전				
丨 丨 쓰 뿌 光 光		く 夂 女 如 如 如					
阝 阝 阾 阾 陰 陰		ノ 灬 竹 筘 箭 箭					

풀이 세월은 화살처럼 빠르고 이미 흘러간 시간은 돌아오지는 않는다는 의미의 속담고사.
속담 세월은 활살처럼 빠르다.(세월은 유수와 같다).
출전 故事應用(고사응용)

속담 123 소경 문고리 잡기

目-8획	人-2획	目-8획	門-8획	II3급	8급	6급	8급
盲	人	直	門	盲	人	直	門
소경 맹	사람 인	곧을 직	문 문				
亠亡亡冃盲盲盲	丿人	一十十十古吉直直	丨冂冂冂門門門門				

풀이 무심코 한 일이 어쩌다 우연히 바로 들어 맞았을 때 쓰이는 속담고사.
속담 소경 문고리 잡기(소경이 문 겉쇠).
출전 旬五(순오)

속담 124 소 궁둥이에다 꼴(풀을) 던지기

牛-4획	彳-9획	扌-11획	⺾-10획	5급	7급	3급	7급
牛	後	捨	草	牛	後	捨	草
소 우	뒤 후	버릴 사	풀 초				
丿一二牛	彳彳彳伊伊伊後後	扌扩扲扲捨捨捨	艹艹芍芍苎草				

풀이 하는 짓마다 어리석고 둔하여 아무리 가르쳐도 소용이 없다는 의미의 속담고사.
속담 소 궁둥이에다 꼴(풀을) 던지기.
출전 東言(동언)

속담 125 소 잃고 외양간 고친다

大 - 5획	牛 - 4획	氵- 8획	广- 14획	6급	5급	II4급	특급
失	牛	治	廄	失 牛 治 廄			
잃을 실	소 우	다스릴 치	마구간 구				
′ ⸢ ⸢ 失失	′ ⸢ ⸢ 牛	′ ⸢ 氵 氵 氵 治 治	广 庐 庐 庐 庐 庐 廄				

풀 이 평소 위기 때를 대비하지 못하다 큰 일을 치르고 나서야 뒤통수치며 대비한다는 의미의 속담고사.
속 담 소 잃고 외양간 고친다(말 잃고 마구간 고친다).
출 전 松南(송남)

속담 126 손바닥 뒤집기보다 쉽다

日 - 8획	女 - 6획	又 - 4획	手 - 12획	4급	II4급	6급	3급
易	如	反	掌	易 如 反 掌			
쉬울 이	같을 여	돌이킬 반	손바닥 장				
冂 日 日 月 昜 易 易	⸲ 乆 女 如 如 如	⸢ 厂 反 反	′ ⸌ ⸍ 芦 芦 堂 掌				

풀 이 자기의 손바닥을 뒤집는 것처럼 어떤 일이 아주 쉬움을 강조한 속담고사.
속 담 손바닥 뒤집기보다 쉽다.
출 전 故事應用(고사응용)

속담 127 솔 심어 정자라

木 - 10획	木 - 8획	月 - 11획	亠 - 9획	II3급	4급	5급	3급
栽	松	望	亭	栽	松	望	亭
심을 재	소나무 송	바랄 망	정자 정				
十十 圭 * 未 栽栽		亠 忙 切 切 望 望 望					
十 十 オ 木 木 松 松		亠 亠 亠 宣 亭 亭 亭					

풀이 지금 상황으로 보아 앞날의 성공이 까마득하여 쉬 이루기 어렵다는 의미의 속담고사.
속담 솔 심어 정자라(솔 심어 정자라 얼마나 살 인생인가?)
출전 松南(송남)

속담 128 쇠 귀에 경 읽기

牛 - 4획	耳 - 6획	言 -14획	糸 - 13획	5급	5급	3급	II4급
牛	耳	誦	經	牛	耳	誦	經
소 우	귀 이	외울 송	경서 경				
' ㅗ 느 牛		言 言 訂 訊 訊 誦 誦					
一 丆 F F 王 耳		幺 糸 經 經 經 經 經					

풀이 너무 어리석거나 지능이 낮아 제아무리 설명하고 가르쳐도 알아듣지 못한다는 의미의 속담고사.
속담 쇠(소) 귀에 경 읽기.
출전 東言(동언)

속담 129 시렁 눈, 부채 손

目 - 11획	高 - 10획	手 - 4획	十 - 8획	II 4급	6급	7급	II 3급
眼	高	手	卑	眼	高	手	卑
눈 안	높을 고	손 수	낮을 비				
丨 冂 目 目¹ 目² 眼 眼 眼	亠 宀 宀 宀 宀 高 高	一 二 三 手	丿 冂 白 白 白 臾 卑				

129 眼高手卑

풀이 보는 안목은 높으나 제 스스로 그와 같은 일을 실행하거나 행하지 못한다는 속담고사.
속담 시렁 눈, 부채 손(눈은 높고 손은 낮다).
출전 故事應用(고사응용)

속담 130 실속없는 것들이 허세 부린다

虍 - 12획	弓 - 11획	耳 - 17획	力 - 13획	II 4급	4급	II 4급	II 4급
虛	張	聲	勢	虛	張	聲	勢
빌 허	베풀 장	소리 성	세력 세				
卜 虍 虍 虛 虛 虛	丨 弓 引 爭 張 張 張	声 殸 殸 殸 殸 聲 聲	土 去 幸 執 執 勢 勢				

130 虛張聲勢

풀이 아무런 효험이나 실속이 전혀 없는 일에 자기자신을 드높여 허세만을 부린다는 의미의 속담고사.
속담 실속없는 것들이 (꼭) 허세 부린다.
출전 故事應用(고사응용)

속담 131 심술이 심하면 복달아 난다

心 - 4획	行 - 11획	ム - 5획	示 - 14획	7급	6급	5급	5급
心	術	去	福	心	術	去	福
마음 심	재주 술	갈 거	복 복				
丶心心心		一十土去去					
彳彳彳彳彳術術術		示示和祠福福福					

풀이 자기에게 유리하지 않다는 일로 말미암아 부리는 심술이나 욕심 등은 복이 달아 난다는 속담고사.

속담 심술이 심하면 복달아 난다.

출전 故事應用(고사응용)

속담 132 십 년 세도 없다

力 - 13획	灬 - 12획	十 - 2획	干 - 6획	II 4급	5급	8급	8급
勢	無	十	年	勢	無	十	年
세력 세	없을 무	열 십	해 년				
土去赤執執勢勢		一十					
′ ㄏ ㅌ 無 無 無 無		′ ㄏ ㄐ ㅌ 午 年					

풀이 勢無十年(세무십년) 花無十日紅(화무십일홍)이라. 사람의 권세는 십 년을 넘기기 어렵다는 속담고사.

속담 십 년 세도 없다. 십 년 세도 없고 열흘 붉은 꽃 없다.

출전 故事應用(고사응용)

속담 133 아는 게 병이다

言 - 19획	子 - 6획	心 - 15획	心 - 11획	5급	7급	II 3급	5급
識	字	憂	患	識	字	憂	患
알 식	글자 자	근심 우	근심 환				

풀이 섣부른 학식이나 지식이 때로는 큰 우환을 초래한다는 속담고사.
속담 아는 게 병이다.
출전 故事應用(고사응용)

속담 134 아랫돌 빼어 윗돌 괴기

一 - 3획	石 - 5획	一 - 3획	至 - 14획	7급	6급	7급	II 3급
下	石	上	臺	下	石	上	臺
아래 하	돌 석	윗 상	토대 대				

풀이 임시변통으로 한 곳에서 빼내어 다른 곳을 막는다는 의미의 속담으로 돌려 막기가 연상되는 속담고사.
속담 아랫돌 빼어 윗돌 괴기.
출전 故事應用(고사응용)

속담   135 약방(의)에 감초

⺿- 19획	戶 - 8획	甘 - 5획	⺿ - 10획	6급	II 4급	4급	7급
藥	房	甘	草	藥	房	甘	草
약 **약**	방 **방**	달 **감**	풀 **초**				

풀이 약방에 감초처럼 말 그대로 무슨 일이나 어느 곳이든 있거나 끼어드는 사람을 일컫는 속담고사.
속담 약방(의)에 감초. 탕약에 감초. 건재약국에 백복령.
출전 故事應用(고사응용)

속담   136 양고는 심장한다

艮 - 7획	貝 - 13획	氵- 11획	⺿ - 18획	5급	특급	II 4급	II 3급
良	賈	深	藏	良	賈	深	藏
어질 **량**	장사 **고**	깊을 **심**	감출 **장**				

풀이 장사를 잘하는 사람은 좋은 상품을 진열하지 않고 깊숙이 감춘다는 의미의 속담고사.
속담 양고는 심장한다. (양고(良賈) - 훌륭한 상인. 심장(深藏) - 깊이 감춘다.)
출전 故事應用(고사응용)

속담 137 언 발에 오줌 누기

冫-10획	足-7획	攵-8획	氵-13획	3급	7급	6급	특급
凍	足	放	溺				
얼 동	발 족	놓을 방	빠질 닉				

풀이 임시 변통이 결과적으로 더 나쁘게 작용되었을 때 푸념이나 조롱의 의미로 일컫는 속담고사.
속담 언 발에 오줌 누기.
출전 旬五(순오), 東言(동언)

속담 138 엎친 데 덮친 격

雨-11획	一-3획	力-5획	雨-17획	6급	7급	5급	II3급
雪	上	加	霜				
눈 설	윗 상	더할 가	서리 상				

풀이 어려운 일을 당하고 있는데 또 다른 불행이 겹쳐 닥칠 때 쓰이는 푸념의 속담고사.
속담 엎친 데 덮친 격.
출전 故事應用(고사응용)

속담 고사성어

속담 139 역말도 갈아 타면 낫다

馬 - 10획	女 - 6획	日 - 12획	ノ - 10획	5급	4급	3급	II3급
馬	好	替	乘	馬	好	替	乘
말 마	좋을 호	바꿀 체	탈 승				
一 厂 厂 厅 馬 馬 馬	乁 乂 女 奵 好 好	二 ナ 夫 丰 扶 替 替	二 千 禾 乖 乘 乘 乘				

풀이 늘 한 가지 것만에 집착하다보면 권태로워 지니 가끔은 휴식처럼 다른 것에도 신경 쓸 줄도 알아야 한다는 말.
속담 역말도 갈아 타면 낫다.
출전 東言(동언)

속담 140 열 번 찍어 안 넘어가는 나무 없다.

十 - 2획	人 - 6획	ノ - 4획	木 - 4획	8급	II4급	II3급	8급
十	伐	之	木	十	伐	之	木
열 십	칠 벌	갈 지	나무 목				
一 十	ノ 亻 仁 代 伐 伐	丶 亠 之	一 十 才 木				

풀이 한 번으로 가능치 않는 일은 여러 번 반복함으로써 결국 성사 시킬 수 있다는 속담고사.
속담 열 번 찍어 안 넘어가는 나무 없다.
출전 故事應用(고사응용), 耳談(이담)

속담 141 열 소경 한 막대

十 - 2획	目 - 8획	一 - 1획	木 - 7획	8급	II3급	8급	특급
十	盲	一	杖	十	盲	一	杖
열 십	소경 맹	한 일	지팡이 장				

141
十盲一杖

풀 이 여러 사람에게 요긴하게 쓰이는 소중한 물건, 또는 여러가지로 소중한 물건이라는 속담고사.
속 담 열 소경(맹인) 한 막대.
출 전 故事應用(고사응용)

속담 142 열의 한 술 밥이 한 그릇 푼푼하다. (열 사람이 한 술씩 더하면 한 그릇이 된다)

十 - 2획	匕 - 11획	一 - 1획	食 - 13획	8급	특급	8급	II3급
十	匙	一	飯	十	匙	一	飯
열 십	숟가락 시	한 일	밥 반				

142
十匙一飯

풀 이 완성구로 十匙一飯 還成一飯(십시일반환성리반)이다. 열 명이 밥 한 숟갈씩 더하면 한 사람 분의 한 그릇이 된다는 말.
속 담 열의 한 술 밥이 한 그릇 푼푼하다.
출 전 耳談(이담)

속담 143 오리무중이다

二 - 4획	里 - 7획	雨 - 19획	ㅣ - 4획	8급	7급	3급	8급
五	里	霧	中	五	里	霧	中
다섯 오	마을 리	안개 무	가운데 중				
一 丁 五 五		一 雨 雰 雰 霁 霧 霧					
丶 口 曰 旦 甲 里		丶 口 口 中					

풀이 오리나 되는 짙은 안개 속에서 처럼 방향을 알 수 없듯이 어떤 일에 대해 알 길이 없음을 비유한 고사성어.

속담 오리무중 이다.

출전 故事應用(고사응용)

속담 144 왼손뼉이 (홀로) 우랴

子 - 8획	手 - 12획	隹 - 19획	鳥 - 14획	4급	3급	II 4급	4급
孤	掌	難	鳴	孤	掌	難	鳴
외로울 고	손바닥 장	어려울 난	울 명				

풀이 왼손만으로 어떤 일을 잘 할 수 없듯이 무슨 일이든간에 혼자서 하는 것보다는 협동하면 쉽게 이룰 수 있다는 말.

속담 왼소뼉이 우랴.

출전 旬五(순오), 東言(동언)

속담 145 우물 안의 개구리

二-4획	ㅣ-4획	ノ-4획	虫-12획	II3급	8급	II3급	특급
井	中	之	蛙	井	中	之	蛙
우물 정	가운데 중	갈 지	개구리 와				

풀이 우물 안의 개구리가 하늘 보듯, 견식이 좁아 세상 물정에 어두운 사람을 비꼬는 속담고사.

속담 우물 안의 개구리. 井底之蛙(정지지와), 坐井觀天(좌정관천)

출전 故事應用(고사응용)

속담 146 웃는 낯에 침 뱉으랴

竹-10획	頁-18획	口-11획	ノ-5획	II4급	II3급	특급	II3급
笑	顔	唾	乎	笑	顔	唾	乎
웃음 소	얼굴 안	침 타	어조사 호				

풀이 洌上(열상)의 對笑顔 唾亦難(대소안타역난)과 같은 의미이다. 좋은 낯으로 대하는 사람을 욕할 수 없다는 속담고사.

속담 웃는 낯에 침 뱉으랴.

출전 東言(동언)

속담 147 이불 깃 보아 가며 발 뻗어라

里 - 12획	衣 - 10획	人 - 7획	足 - 7획	5급	특급	3급	7급
量	衾	伸	足				
헤아릴 량	이불 금	펼 신	발 족				
日旦早晃畳量量	丿入合合仝舎衾	丿亻亻们们但伸	丨口口早早足足				

풀이 어떤 일이든 능력과 그 일의 성격을 잘 파악하고 맞추어 그 일에 임해야 한다는 속담고사.

속담 이불 깃 보아 가며 발 뻗어라.

출전 旬五(순오)

속담 148 임도 보고 뽕도 딴다

一 - 1획	手 - 18획	入 - 8획	彳 - 11획	8급	5급	II4급	II4급
一	擧	兩	得				
한 일	들 거	두 량	얻을 득				
一	𦥯與與與擧	一丁币币兩兩兩	彳彳㣇䙴得得得				

풀이 어떤 기꺼운 일로 한꺼번에 두 가지 이상의 보람이나 소득을 취할 수 있을 때 쓰이는 속담고사.

속담 임도 보고 뽕도 딴다. 一石二鳥(일석이조)

출전 故事應用(고사응용)

속담 149 입에 맞는 떡

辶-15획	口-3획	丿-4획	食-17획	4급	7급	II3급	특급
適	口	之	餅				
맞을 적	입 구	갈 지	떡 병				

풀이 東言(동언)의 適口餅易手(적구병이수)와 같은 의미이다. 자기의 마음에 꼭 드는 물건이나 일을 말하는 속담고사.
속담 입에 맞는 떡 안성맞춤.
출전 故事應用(고사응용)

속담 150 입에서 젖비린내가 난다

口-3획	小-8획	乙-8획	自-10획	7급	II3급	4급	3급
口	尚	乳	臭				
입 구	오히려 상	젖 유	냄새 취				

풀이 입에서 젖내나는 아이처럼 하는 짓이 유치하고 행동이 어리숙한 사람을 비꼬는 속담고사.
속담 입에서 젖비린내가 난다.
출전 故事應用(고사응용)

속담 151 입이 열이라도 할 말 없다

月 - 6획	口 - 3획	灬 - 12획	言 - 7획	7급	7급	5급	6급
有	口	無	言	有	口	無	言
있을 유	입 구	없을 무	말씀 언				
一ナ才有有有	丨口口	ノトニ無無無無	丶亠亠言言言言				

151 有口無言

풀이 어떤 일의 결과에 과오가 있었을 때 자신의 잘못을 자인하고 변명할 여지가 없다는 속담고사.
속담 입이 열이라도 할 말(이) 없다.
출전 故事應用(고사응용)

속담 152 입추의 여지가 없다

門 - 8획	刂 - 9획	戈 - 7획	巾 - 5획	8급	7급	6급	7급
門	前	成	市	門	前	成	市
문 문	앞 전	이룰 성	저자 시				
丨冂冃門門門	丶亠丷广产首首前前	ノ厂厂成成成	丶亠亠市市				

152 門前成市

풀이 원래 권세가나 부자의 대문 앞에는 방문객으로 저자를 이룬다는 의미로 많은 사람들로 발 들여놓을 틈이 없다는 말.
속담 입추의 여지가 없다.
출전 故事應用(고사응용)

속담 153 자는 범 코침 주기

宀 - 11획	虍 - 8획	行 - 15획	鼻 - 14획	5급	II3급	II3급	5급
宿	虎	衝	鼻	宿	虎	衝	鼻
잘 숙	범 호	찌를 충	코 비				
宀宀宀宿宿宿宿	丨卜卢卢虎虎	彳彳衎衎衝衝衝	鼻白鳥島畠鼻鼻				

풀이 지나치면 무사할 일을 공연히 건드려서 화근을 불러 올 때 푸념으로 일컬는 속담고사.

속담 자는 범 코침 주기. 자는 벌집 건들다.

출전 松南(송남), 東言(동언)

속담 154 작아도 고추다(후추알 이다)

隹 - 17획	小 - 3획	口 - 11획	木 - 12획	II3급	8급	II3급	특급
雖	小	唯	椒	雖	小	唯	椒
비록 수	작을 소	오직 유	산초나무 초				
虽虽雖雖雖雖雖	亅小小	口叮叭叺唯唯	一十木木柯柯椒椒				

풀이 몸집은 비록 작아도 기세와 용맹 등이 당차다는 의미의 속담고사.

속담 작아도 고추(후추알)이다. 작은 고추가 더 맵다.

출전 耳談(이담)

속담 155 장님이 문 바로 들었다

目-8획	耂-9획	止-5획	門-8획	II3급	6급	7급	8급
盲	者	正	門	盲	者	正	門
소경 맹	놈 자	바를 정	문 문				
亠亡亡肓肓盲盲		一丁下正					
十土耂者者者者		丨冂冂冋冋門門門					

155 盲者正門

풀이 봉사가 문고리 잡다는 의미와 같은 말로 어쩌다 모처럼 일을 이루었을 때 쓰이는 속담고사.

속담 장님이 문 바로 들었다.

출전 故事應用(고사응용)

속담 156 재주 다 배우니 눈이 어둡다

扌-7획	戈-7획	目-11획	日-8획	5급	6급	II4급	3급
技	成	眼	昏	技	成	眼	昏
재주 기	이룰 성	눈 안	어두울 혼				
一十才才疒抟技		丨冂日日『『眼眼眼					
丿厂厂成成成		一冂氏氏昏昏					

156 技成眼昏

풀이 오랫동안 노력한 결과가 이루어질 무렵 모두 헛일이 되었을 때 푸념으로 일컫는 속담고사.

속담 재주를 다 배우니 눈이 어둡다(어두어졌다).

출전 旬五(순오), 松南(송남)

속담 157 제 논에 물 대기

戈-7획	田-5획	弓-3획	水-4획	II3급	II4급	4급	8급
我	田	引	水	我	田	引	水
나 아	밭 전	끌 인	물 수				
ノ ニ ナ 扌 我 我 我		' ゛ 弓 引					
丨 冂 冊 用 田			丨 刂 氺 水				

풀이 어떤 일에서든 유리한대로만 하거나 자기에게 이익이 되도록 한다는 속담고사.
속담 제 논에 물 대기.
출전 故事應用(고사응용)

속담 158 제 언치 뜯는 말이라

自-6획	皮-5획	生-5획	虫-18획	7급	II3급	8급	II4급
自	皮	生	蟲	自	皮	生	蟲
스스로 자	가죽 피	날 생	벌레 충				
ノ 亻 冂 冃 自 自		ノ ー 屮 牛 生					
ノ 厂 广 皮 皮		虫 虫 虫 蟲 蟲 蟲 蟲					

풀이 갗에서 좀 난다와 같은 의미로 제 동족을 해치는 것은 그것이 곧 자신을 해치게 되는 일이라는 속담고사.
속담 제 언치 뜯지 말아라.(언치 - 말 안장 밑에 입히는 모포)
출전 故事應用(고사응용)

속담 159 제 얼굴엔 분 바르고, 남의 얼굴엔 똥 바른다

自 - 6획	米 - 10획	人 - 5획	米 - 17획	7급	4급	5급	특급
自	粉	他	糞	自	粉	他	糞
스스로 자	가루 분	다를 타	똥 분				
′ ⺅ 自 自 自 自	′ ⺅ 米 米 粉 粉 粉	′ ⺅ ⺅ 他 他	″ ⺽ 米 畨 畓 糞 糞				

풀이 잘된 일은 제가 다 한 것처럼 제 낯을 세우고 못된 일은 다 남의 탓으로 돌린다는 속담고사.
속담 제 얼굴엔 분 바르고, 남의 얼굴엔 똥 바른다.
출전 故事應用(고사응용)

속담 160 좋은 일엔 마가 낀다

女 - 6획	亅 - 8획	夕 - 6획	鬼 - 21획	4급	7급	6급	특급
好	事	多	魔	好	事	多	魔
좋을 호	일 사	많을 다	마귀 마				
⺅ ⺅ 女 女 好 好	一 ⼞ ⼞ 写 写 写 事	′ ⼂ ⼃ 夕 多 多	广 广 庐 庶 庶 魔 魔				

풀이 좋을 일에는 방해하는 좋지않은 일이 생기기 쉽다는 경계의 속담고사.
속담 좋은 일엔 마가 낀다.
출전 故事應用(고사응용)

속담 161 좋은 약은 입에 쓰다(쓰고)
(아랫 구 162와 연하는 구이다)

艮 - 7획	艹 - 19획	艹 - 9획	口 - 3획	5급	6급	6급	7급
良	藥	苦	口	良	藥	苦	口
어질 량 약	약	괴로울 고	입 구				
` ㄱ ㅋ ㅋ 良 良 良		ㅛ ㅛ ㅛ 쓰 苦 苦 苦					
ㅛ 艹 艹 芷 苔 蕐 藥 藥		ㅣ ㄇ 口					

풀 이 몸에 이로운 좋은 약은 입에 쓰다는 속담으로 듣기 싫은 말 중에는 자신에게 이로운 말이 많다는 말.
속 담 좋은 약은 입에 쓰다(쓰고). 良藥 苦於口(양약고어구)
출 전 孔家(공가)

속담 162 충직한 말은 귀에 거스린다

心 - 8획	言 - 7획	辶 - 10획	耳 - 6획	II 4급	6급	II 4급	5급
忠	言	逆	耳	忠	言	逆	耳
충성 충	말씀 언	거스를 역	귀 이				
ㅁ ㅁ 中 中 忠 忠 忠		ㅛ 쓰 쓰 쓰 쓰 쓰 逆					
ㅣ ㅗ ㅗ 言 言 言 言		一 丆 ㅌ ㅌ ㅌ 耳					

풀 이 완성구로 忠言 逆於耳(충언역어이)이다. 자기에게 충직한 말을 일러주는 말은 귀에 거스린다는 속담고사.
속 담 충직한 말은 귀에 거스린다.
출 전 孔家(공가)

속담 163 주면 줄수록 양양

食 - 9획	犭- 12획	里 - 12획	里 -12획	7급	II3급	5급	5급
食	猶	量	量	食	猶	量	量
먹을 식	오히려 유	헤아릴 량	헤아릴 량				
人人今今食食食	犭犭犭狎猶猶猶	日旦무昌昌量量量	日旦무昌昌量量量	食	猶	量	量

풀이 인간의 욕망이나 욕심은 끝이 없어 주면 줄수록 더 달란다는 속담고사.

속담 주면 줄수록 양양.

출전 東言(동언)

속담 164 죽은 자식 나이 세기

亠 - 3획	子 - 3획	言 - 9획	齒 - 15획	5급	7급	6급	II4급
亡	子	計	齒	亡	子	計	齒
망할 망	아들 자	셈할 계	이 치				
亠亡	了子	言言言言言計	止此步歯齒齒	亡	子	計	齒

풀이 죽은 자식의 나이를 헤아리는 것처럼 옛 일을 회상하며 안타까워하지만 아무 소용없는 일이라는 속담고사.

속담 죽은 자식 나이 세기

출전 東言(동언)

속담 165 죽은 중에 곤장 익히기

歹 - 6획	人 - 14획	羽 - 11획	木 - 7획	6급	3급	6급	특급
死	僧	習	杖	死	僧	習	杖
죽을 사	중 승	익힐 습	지팡이 장				
一ナ歹歹死	亻伀伵僧僧僧	⺆⺆⻎⻎習習習	一十才木朳杖				

풀이 旬五(순오)의 遇死僧 習杖(우사승습장)과 같은 의미이다. 외롭고 약한 사람을 멸시하고 괴롭힌다는 속담고사.

속담 죽은 중에 곤장 익히기.

출전 東言(동언)

속담 166 지게미와 쌀겨로 연명하며 함께 고생한 부인

米 - 17획	米 - 17획	ノ - 4획	女 - 8획	특급	특급	II3급	II3급
糟	糠	之	妻	糟	糠	之	妻
지게미 조	겨 강	갈 지	아내 처				
米米粐粕糟糟糟		、亠ナ之					
米米糒糠糠糠糠		一一亖亖妻妻妻					

풀이 구차하고 어려울 때부터 고생을 함께 해 온 아내를 일컫은 속담고사.

속담 지게미와 쌀겨로 연명하며 함께 고생한 부인.

출전 故事應用(고사응용)

속담 고사성어 91

속담 167 지나가는 불에 밥 익히기

辶 - 13획	火 - 4획	灬 - 15획	食 - 9획	5급	8급	II3급	7급
過	火	熟	食				
지날 과	불 화	익을 숙	먹을 식				
冂冂咼咼渦過過	、 ソ 火	亠亨享孰孰熟熟	八个今今食食食				

過火熟食

풀이 東言(동언)의 過火炊飯(과화취반)과 같은 의미이다. 우연히 어떤 기회를 이용하여 자기 일을 한다는 뜻의 속담고사.
속담 지나가는 불에 밥 익히기.
출전 故事應用(고사응용)

속담 168 지성이면 감천이다

至 - 6획	言 - 19획	心 - 13획	大 - 4획	II4급	II4급	6급	7급
至	誠	感	天				
이를 지	정성 성	느낄 감	하늘 천				
一 工 互 至 至	言 訁 訢 訢 誠 誠 誠	厂 后 咸 咸 咸 感 感	一 二 チ 天				

至誠感天

풀이 어떤 일을 열과 성을 다해 노력하면 그 정성이 하늘의 감화를 받아 반드시 이룰 수 있다는 속담고사.
속담 지성이면 감천이다.
출전 故事應用(고사응용)

속담 **169** 찰찰이 불찰이다

宀-14획	宀-14획	一-4획	宀-14획	II4급	II4급	7급	II4급
察	察	不	察	察	察	不	察
살필 **찰**	살필 **찰**	아닐 **불**	살필 **찰**				
宀宀宀宁宋穷察		一ᅮ才不					
宀宀宀宁宋穷察		宀宀宀宁宋穷察					

풀이 어떤 일을 지나치게 살피는 것이 오히려 살피지 않는 것만 못했을 때 쓰이는 푸념의 속담고사.

속담 찰찰이 불찰이다.

출전 故事應用(고사응용)

속담 **170** 처더러 한 말은 난다

言-14획	女-8획	刂-9획	氵-9획	7급	II3급	5급	특급
語	妻	則	洩	語	妻	則	洩
말씀 **어**	아내 **처**	곧 **즉**	샐 **설**				
言言訂評語語語		丨冂冃目貝則則					
一ᅳ‡夫妻妻妻		氵汩泄洩洩					

풀이 완성구로 語牛則滅 語妻則洩(어우즉멸 어처즉설)이다. 소에게 한 말은 누설되지 않지만 처에게 한 말은 누설되기 쉽상이라는 속담고사.

속담 처더러 한 말(語)은 난(누설)다.

출전 耳談(이담)

속담 171 청보에 개똥

青 - 8획	衤 - 14획	犭 - 8획	矢 - 5획	8급	특급	3급	3급
青	褓	狗	矢	青	褓	狗	矢
푸를 청	포대기 보	개 구	화살 시				
一 = 主 丰 青 青 青		ノ ゛ ゛ 犭 狗 狗 狗 狗					
゛ 氵 衤 衤 衤 衦 褓 褓 褓		ノ 一 二 午 矢					

풀이 겉으로는 보기 좋고 화려하지만 속은 보잘 것 없고 하찮을 때 비꼬아 내뱉는 속담고사.

속담 청보에 개똥.

출전 松南(송남)

속담 172 친구 따라 강남 간다

辶 - 10획	又 - 4획	氵 - 6획	十 - 9획	II3급	5급	7급	8급
追	友	江	南	追	友	江	南
쫓을 추	벗 우	강 강	남녘 남				
ノ 亻 亻 冃 追 追		゛ 丶 氵 汀 江 江					
一 ナ 方 友		一 十 产 冉 南 南 南					

풀이 완성구로 追友江南往(추우강남왕)이다. 자기는 하고 싶지 않으나 남에게 이끌려 그 일을 하게 되었을 때 쓰이는 속담고사.

속담 친구 따라 강남 간다.

출전 東言(동언)

속담 173 큰 인물은 늦게 이루어진다

大 - 3획	口 - 16획	日 - 11획	戈 - 7획	8급	II 4급	II 3급	6급
大	器	晚	成	大	器	晚	成
큰 대	그릇 기	늦을 만	이룰 성				
一ナ大	ロ ロロ ロロロ 哭 哭 器 器	日 日' 日ア 昣 晬 晩 晚	ノ 厂 厂 厉 成 成 成				

173 大器晚成

풀이 완성구는 大方無隅 大器晚成(대방무우 대기만성)이다. 큰 인물은 갑자기 이루어지지 않는다는 속담고사.
속담 큰 인물은 늦게 이루어진다.
출전 老子(노자)

속담 174 티끌 모아 태산이다

土 - 14획	口 - 6획	水 - 10획	山 - 3획	특급	6급	II 3급	8급
塵	合	泰	山	塵	合	泰	山
티끌 진	합할 합	클 태	메 산				
广 庐 庐 庐 鹿 塵	ノ 八 へ 合 合 合	三 声 夫 来 泰 泰 泰	丨 山 山				

174 塵合泰山

풀이 아무리 적은 양(量)의 먼지라도 모이고 쌓이면 큰 산을 이룬다는 속담고사.
속담 티끌 모아 태산이다.
출전 故事應用(고사응용)

속담 175

팔푼이 계집 자랑 (하고)
(온통으로 생긴 놈 계집자랑)

入 - 6획	疒 - 19획	言 - 13획	女 - 8획	7급	특급	3급	II 3급
全	癡	誇	妻				
온전 전	어리석을 치	자랑할 과	아내 처				
ノ 入 仝 仐 全 全	疒 疒 疒 瘝 癡 癡	言 言 言 訏 誇 誇	一 = ヨ 글 妻 妻 妻				

풀이 여기서 全癡(전치)란 머리가 온통으로 어리석은 사람을 일컫는데 처의 자랑을 하는 이를 비꼬는 속담고사.

속담 팔푼이 계집 자랑. 온통으로 생긴 놈 계집 자랑.

출전 耳談(이담)

속담 176

반푼이 자식 자랑 (한다)
(반편으로 생긴 놈 자식 자랑)

十 - 5획	疒 - 19획	言 - 13획	儿 - 10획	6급	특급	3급	5급
半	癡	誇	兒				
반 반	어리석을 치	자랑할 과	아이 아				
ノ ハ ニ 半 半	疒 疒 疒 瘝 癡 癡	言 言 言 訏 誇 誇	ノ ィ ㅋ 白 白 兒				

풀이 머리가 반만큼 빈 半癡(반치)가 자식 자랑을 마냥 한다는 조롱섞인 속담고사.

속담 반푼이 자식 자랑. 반편으로 생긴 놈 자식 자랑.

출전 耳談(이담)

속담 **177** 품 안에 든 새는 쫓지 마라

穴 - 15획	鳥 - 11획	入 - 2획	忄- 19획	4급	II 4급	7급	3급
窮	鳥	入	懷				
궁할 궁	새 조	들 입	품을 회				
丶宀宀穵窍窮窮窮	ノ入					
′´´´自鳥鳥	忄忄忄悙悙悙悙懷懷					

풀이 막다른 골목에 상처입은 새처럼 품안으로 궁색히 날아든 새(가엾은 이)는 쫓아서는 안 된다는 속담고사.

속담 품 안에 든 새는 쫓지 마라.

출전 故事應用(고사응용)

속담 **178** 풍년 거지 더 서럽다

豆 - 13획	干 - 6획	匕 - 4획	子 - 3획	4급	8급	5급	7급
豊	年	化	子				
풍년 풍	해 년	될 화	아들 자				
口曲曲曲曲豊豊	ノ亻亻化					
′宀느느年年	フ了子					

풀이 풍년이 들어 모두가 풍족하고 행복할수록 거지는 더 서럽다는 말로 궁색한 이의 푸념섞인 속담고사.

속담 풍년 거지가 더 서럽다.

출전 旬五(순오), 松南(송남)

속담 고사성어 97

속담 179 하나를 보면 열을 안다

耳 - 14획	一 - 1획	矢 - 8획	十 - 2획	6급	8급	5급	8급
聞	一	知	十	聞	一	知	十
들을 문	한 일	알 지	열 십				
尸 門 門 門 門 聞 聞	一	亠 亠 矢 矢 知 知	一 十				

179 聞一知十

풀이 하나를 보면 열을 알 만큼 매우 영리하고 명석하다는 뜻의 속담고사.
속담 하나를 보면 열을 안다.
출전 故事應用(고사응용)

속담 180 하늘과 땅 차이다

大 - 4획	土 - 20획	ノ - 4획	工 - 10획	7급	II 3급	II 3급	4급
天	壤	之	差	天	壤	之	差
하늘 천	땅 양	갈 지	어긋날 차				
一 二 于 天		丶 亠 之					
土 护 护 揖 壤 壤			丷 亠 놋 圭 差 差 差				

180 天壤之差

풀이 하늘과 공간의 차이만큼 어떤 사물에 있어서 그 차가 너무 큼을 일컫는 속담고사.
속담 하늘과 땅 차이다.
출전 故事應用(고사응용)

속담 181 하늘로 호랑이 잡기

人 - 5획	大 - 4획	扌- 10획	虍 - 8획	II3급	7급	3급	II3급
以	天	捉	虎	以	天	捉	虎
써 이	하늘 천	잡을 착	범 호				
ㅣㄴㅄ以	一二チ天	扌护护护护捉捉	丨⺊产卢虍虎				

풀이 권세가 하늘을 닿을 만큼 그 세가 등등하여 무엇이든 할 수 있고 무엇이든 다 얻을 수 있다는 속담고사.
속담 하늘로 호랑이 잡기.
출전 旬五(순오), 東言(동언)

속담 182 한강에서 뺨 맞고 엉뚱한 곳에서 화풀이한다.

心 - 9획	田 - 5획	禾 - 11획	乙 - 1획	II4급	4급	II4급	II3급
怒	甲	移	乙	怒	甲	移	乙
성낼 노	갑옷 갑	옮길 이	새 을				
乆女奴奴怒怒	丨口曰日甲	一二千禾 移移移移	乙				

풀이 갑으로부터 받은 오욕을 을에게 그 화풀이를 한다는 의미의 속담고사.
속담 한강에서 뺨 맞고 엉뚱한 곳에서 화풀이 한다.
출전 故事應用(고사응용)

속담 183 한강에 돌 던지기

氵-14획	氵-6획	扌-7획	石-5획	7급	7급	4급	6급
漢	江	投	石	漢 江 投 石			
한수 한	강 강	던질 투	돌 석				
氵 汁 浐 浐 渲 渼 漢 漢	` ` 氵 氵 江 江	一 十 扌 扌 扚 投 投	一 ア イ 石 石				

풀 이 아무리 많은 돌을 한강에 던져도 강을 메울 수 없듯이 투자를 아무리 해도 보람이 없다는 속담고사.
속 담 한강에 돌 던지기.
출 전 故事應用(고사응용)

속담 184 행수 행수하며 짐 지운다

行-6획	首-9획	貝-9획	卜-2획	6급	5급	4급	3급
行	首	負	卜	行 首 負 卜			
다닐 행	머리 수	질 부	점칠 복				
` ノ イ 彳 彳 行 行	` ` ` ` 艹 产 苧 首 首	` ク 夕 个 角 負 負	丨 卜				

풀 이 완성구로 行首行首負卜(행수행수부복)이다. 말로는 그 사람을 존경하나 속으로 그 사람을 이용한다는 속담고사.
속 담 행수 행수하며 짐 지운다.
출 전 東言(동언)

속담 185 헤엄 잘 치는 놈이 익사한다

口 - 12획	氵- 8획	耂 - 9획	氵- 13획	5급	특급	6급	특급
善	泅	者	溺	善	泅	者	溺
착할 선	헤엄칠 수	놈 자	빠질 닉				
丷 亠 羊 羊 善 善 善	氵 汀 泅 泅	土 耂 者 者 者	氵 泅 涡 溺 溺				

185 善泅者溺

풀이 헤엄 잘 치는 놈이 과신하다가 익사하는 예가 많듯 제 재주로 실수하는 수가 많다는 속담고사.
속담 헤엄 잘 치는 놈이 익사한다. 나무에 잘 오르는 놈이 떨어진다.
출전 耳談(이담)

속담 186 혀 아래 도끼 들었다

舌 - 6획	一 - 3획	斤 - 8획	人 - 2획	4급	7급	특급	8급
舌	下	斧	人	舌	下	斧	人
혀 설	아래 하	도끼 부	사람 인				
丿 二 千 千 舌 舌	一 丁 下	丷 丷 父 父 斧 斧 斧	丿 人				

186 舌下斧人

풀이 말이 재앙을 낳고 그 말이 혀 아래 있다는 의미의 속담고사.
속담 혀 아래 도끼 들었다.
출전 東言(동언)

속담 187 호랑이는 죽어서 가죽을 남긴다(남기고)
(아래 188의 구와 연한 구(句)이다.)

虎 - 8획	歹 - 6획	辶 - 13획	皮 - 5획	II3급	6급	4급	II3급
虎	死	遺	皮				
범 호	죽을 사	끼칠 유	가죽 피				
丨 卜 ト 广 户 虎 虎	口 虫 冑 眚 貴 遺 遺						
一 ア ク 歹 死	丿 厂 广 皮 皮						

虎死遺皮

풀이 五王(오왕)의 豹死留皮(표사유피)와 같은 의미이다. 호랑이가 죽으면 가죽을 남긴다는 속담고사.
속담 호랑이는 죽어서 가죽을 남긴다(남기고).
출전 故事應用(고사응용), 五王(오왕)

속담 188 사람은 죽어서 이름을 남긴다

人 - 2획	歹 - 6획	辶 - 13획	口 - 6획	8급	6급	4급	7급
人	死	遺	名				
사람 인	죽을 사	끼칠 유	이름 명				
丿 人	口 虫 冑 眚 貴 遺 遺						
一 ア ク 歹 死	丿 ク タ タ 名 名						

人死遺名

풀이 五王(오왕)의 人死留名(인사유명)과 같은 의미이다. 사람은 죽어서 이름, 곧 명예를 남긴다는 속담고사.
속담 사람은 죽어서 이름을 남긴다.
출전 故事應用(고사응용), 五王(오왕)

속담 189. 호랑이도 제 말 하면 온다(오고)
(아래 190의 구와 연한 구(句)이다.)

言-15획	虎-8획	虎-8획	至-6획	5급	II3급	II3급	II4급
談	虎	虎	至	談	虎	虎	至
말씀 담	범 호	범 호	이를 지				

풀이 호랑이를 생각하면서 말하면 호랑이가 나타난다는 속담고사.

속담 호랑이도 제 말 하면 온다.

출전 耳談(이담)

속담 190. 자기 말 하니 그 사람이 나타난다
(제 말하니 나타난다.)

言-15획	人-2획	人-2획	至-6획	5급	8급	8급	II4급
談	人	人	至	談	人	人	至
말씀 담	사람 인	사람 인	이를 지				

풀이 어떤 사람 이야기하고 있는데 그 장본인이 마침 나타났을 때 쓰이는 속담고사.

속담 자기 말 하니 그 사람이 나타난다.

출전 耳談(이담)

속담 191 호랑이에게 고기 달란다

虍 - 8획	刂 - 9획	乙 - 3획	肉 - 6획	II3급	7급	특급	II4급
虎	前	乞	肉	虎	前	乞	肉
범 호	앞 전	거지 걸	고기 육				
丨 卜 𠂉 虍 虎 虎		丿 𠂉 乞 乞					
丷 丷 乊 丷 前 前 前		丨 冂 冋 内 肉 肉					

풀 이 전혀 기대할 수 없는 사람에게 무엇인가 달라거나 해주길 바란다는 의미의 속담고사.

속 담 호랑이에게 고기 달란다.

출 전 旬五(순오), 松南(송남)

속담 192 활과 과녁이 서로(꼭) 맞는다

弓 - 3획	白 - 8획	目 - 9획	辶 - 15획	II3급	5급	5급	4급
弓	的	相	適	弓	的	相	適
활 궁	과녁 적	서로 상	맞을 적				
一 丆 弓		一 十 才 木 村 相 相 相					
丿 白 白 白 的 的 的		亠 六 宀 啇 啇 適 適					

풀 이 예전부터 하려던 일과 우연한 기회와 꼭 들어 맞았을 때 쓰이는 속담고사.

속 담 활과 과녁이 서로 맞는다.

출 전 旬五(순오)

以外 속담 고사성어

○ 다음은 4자 외의 속담 고사성어로 본문의 연장이다.

193 가는 말이 고와야 오는 말이 곱다. (거언미 내언미)

東言 (동언): 去 言 美　來 言 美

194 갈수록 태산이다. (거유수미산)

東言 (동언): 去 愈 須 彌 山

195 개 꼬리 삼년 두어도 황모 못된다. (삼년구미 불위황모)

東言 (동언): 三 年 狗 尾　不 爲 黃 毛

196 공든 탑 무너지랴. (적공지탑 불타)

旬五 (순오): 積 功 之 塔　不 墮

197 과부는 은이 서 말이다. (과부댁매은식)

東言 (동언): 寡 婦 宅 賣 銀 食

198 궁하면 통한다. (궁즉통)

故事 (고사): 窮 則 通

以外 속담 고사성어

● 다음은 4자 외의 속담 고사성어로 본문의 연장이다.

199 귀에 걸면 귀걸이 코에 걸면 코걸이. (이현령 비현령)

故事 (고사)

| 耳 | 懸 | 鈴 | | 鼻 | 懸 | 鈴 | | | |

200 꿩 대신 닭이다. (치지미포 계가비수)

耳談 (이담)

| 雉 | 之 | 未 | 捕 | 鷄 | 可 | 備 | 數 | | |

201 나 먹자니 싫고 개 주자니 아깝다. (오염식 여견석)

洌上 (열상)

| 吾 | 厭 | 食 | | 與 | 犬 | 惜 | | | |

202 남 잔치에 감 놓아라 배 놓아라 한다. (타인지연 왈리왈시)

耳談 (이담)

| 他 | 人 | 之 | 宴 | 曰 | 梨 | 曰 | 柿 | | |

203 내 딸이 고와야 사위 고른다. (오녀미후 방택서)

東言 (동언)

| 吾 | 女 | 美 | 後 | | 方 | 擇 | 壻 | | |

204 내리 사랑은 있어도 치사랑은 없다. (하애유 상애무)

東言 (동언)

| 下 | 愛 | 有 | | 上 | 愛 | 無 | | | |

以外 속담 고사성어

● 다음은 4자 외의 속담 고사성어로 본문의 연장이다.

205 노파심. (노파심)

| 故事(고사) | 老 | 婆 | 心 | | | | | | | |

206 눈엣가시. (안중정)

| 松南(송남) | 眼 | 中 | 釘 | | | | | | | |

207 도둑 때는 벗어도 화냥 때는 못 벗는다. (도원경설 음무난멸)

| 耳談(이담) | 盜 | 寃 | 竟 | 雪 | | 淫 | 誣 | 難 | 滅 | |

208 도둑이 제 발 저린다. (도지취나궐족자마)

| 耳談(이담) | 盜 | 之 | 就 | 拿 | 厥 | 足 | 自 | 麻 | | |

209 독 깰까봐 쥐를 못 잡는다. (욕투서이기기)

| 故事(고사) | 欲 | 投 | 鼠 | 而 | 忌 | 器 | | | | |

210 동네마다 후레자식 하나씩은 있다. (백가지리 필유패자)

| 耳談(이담) | 百 | 家 | 之 | 里 | | 必 | 有 | 悖 | 子 | |

以外 속담 고사성어

● 다음은 4자 외의 속담 고사성어로 본문의 연장이다.

211 동생 줄 것은 없어도 도둑 줄 것은 있다. (무증제물 유증도물)

耳談 (이담) | 無 | 贈 | 弟 | 物 | 有 | 贈 | 盜 | 物

212 되로 주고 말로 받는다. (시용승수 내이두수)

耳談 (이담) | 始 | 用 | 升 | 授 | 乃 | 以 | 斗 | 受

213 뒷간과 사돈집은 멀어야 좋다. (측간사가 원유호)

東言 (동언) | 厠 | 間 | 查 | 家 | 遠 | 愈 | 好

214 들으면 병이요, 아니 들으면 약이다. (문즉질 불문약)

洌上 (열상) | 聞 | 則 | 疾 | 不 | 聞 | 藥

215 말 많은 집안 장맛도 쓰다. (언감가장불감)

旬五 (순오) | 言 | 甘 | 家 | 醬 | 不 | 甘

216 (너무) 맑은 물에서는 고기가 못 산다. (수지청즉무어)

故事 (고사) | 水 | 至 | 淸 | 則 | 無 | 魚

以外 속담 고사성어

● 다음은 4자 외의 속담 고사성어로 본문의 연장이다.

217 못된 나무에 열매 많다. (불식목 다착실)

洌上(열상) | 不 | 食 | 木 | | 多 | 着 | 實 |

218 바늘 도둑이 소 도둑 된다. (침적대우적)

東言(동언) | 針 | 賊 | 大 | 牛 | 賊 |

219 밤새도록 울다 누구 초상이냐 묻는다. (기종야기 문수불록)

耳談(이담) | 旣 | 終 | 夜 | 器 | | 問 | 誰 | 不 | 祿 |

220 백 번 듣는 것보다 한 번 보는 것이 낫다. (백문불여일견)

故事(고사) | 百 | 聞 | 不 | 如 | 一 | 見 |

221 백지장도 맞들면 낫다. (지장대거경)

東言(동언) | 紙 | 丈 | 對 | 擧 | 輕 |

222 범 없는 골에 여우가 대장이라. (무호동중 이작호)

故事(고사) | 無 | 虎 | 洞 | 中 | | 狸 | 作 | 虎 |

以外 속담 고사성어

○ 다음은 4자 외의 속담 고사성어로 본문의 연장이다.

223	부뚜막 소금도 집어 넣어야 짜다. (총상염 집입후함)
東言 (동언)	寵 上 鹽　執 入 後 鹹

224	부부 싸움은 칼로 물베기. (부부전 도할수)
東言 (동언)	夫 婦 戰　刀 割 水

225	사후 약방문. (사후 약방문)
故事 (고사)	死 後　藥 方 文

226	사흘 굶어 도둑질 안할 놈 없다. (인기삼일 무계불출)
耳談 (이담)	人 飢 三 日　無 計 不 出

227	삼 년 구병에 불효난다. (삼년구병 정불효상)
東言 (동언)	三 年 救 病　呈 不 孝 狀

228	세 살 적 버릇이 여든 간다. (삼세지습 지우팔십)
耳談 (이담)	三 歲 之 習　至 于 八 十

以外 속담 고사성어

● 다음은 4자 외의 속담 고사성어로 본문의 연장이다.

229 싸움은 말리고 흥정은 붙이랬다. (권매매 투즉해)

| 洌上 (열상) | 勸 | 賣 | 買 | | 鬪 | 則 | 解 | | | |

230 아내가 예쁘면 처가집 말뚝에 절을 한다. (부가정독 배궐마장)

| 耳談 (이담) | 婦 | 家 | 情 | 篤 | | 拜 | 厥 | 馬 | 杖 | |

231 안 되는 놈은 뒤로 넘어져도 코가 깨진다. (궁인지사 번역파비)

| 耳談 (이담) | 窮 | 人 | 之 | 事 | | 翻 | 亦 | 破 | 鼻 | |

232 약삭빠른 고양이 밤눈 어둡다. (영리묘 야안불견)

| 東言 (동언) | 伶 | 俐 | 猫 | | 夜 | 眼 | 不 | 見 | | |

233 양지가 음지되고 음지가 양지된다. (음지전양지변)

| 洌上 (열상) | 陰 | 地 | 轉 | 陽 | 地 | 變 | | | | |
| | 陰 | 地 | 轉 | 陽 | 地 | 變 | | | | |

234 열 사람이 한 도둑 못 지킨다. (십인지수 난적일구)

| 耳談 (이담) | 十 | 人 | 之 | 守 | | 難 | 敵 | 一 | 寇 | |

以外 속담 고사성어

● 다음은 4자 외의 속담 고사성어로 본문의 연장이다.

235 염불엔 맘 없고 잿밥에만 맘 있다. (염불무심 재식유심)

松南 (송남) | 念佛無心 齋食有心

236 오르지 못할 나무 쳐다보지도 마라. (난상지 목물앙)

旬五 (순오) | 難上之 木勿仰

237 우는 아이 젖 준다. (부제지아 기수곡지)

耳談 (이담) | 不啼之兒 其誰穀之

238 원수는 외나무 다리에서 만난다. (독목교원가조)

洌上 (열상) | 獨木橋冤家遭

239 윗물이 맑아야 아랫물이 맑다. (상탁하부정)

故事 (고사) | 上濁下不淨

240 이가 없으면 잇몸으로 살지. (치망진역지)

東言 (동언) | 齒亡脣亦支

以外 속담 고사성어

● 다음은 4자 외의 속담 고사성어로 본문의 연장이다.

241 잘게 먹고 가는 똥 누지. (소소식 방세뇨)

旬五 (순오) | 小 | 小 | 食 | 放 | 細 | 尿 |

242 종로에서 뺨맞고 한강에서 눈 흘긴다. (종루비협 사평반목)

旬五 (순오) | 鍾 | 樓 | 批 | 頰 | 沙 | 平 | 反 | 目 |

243 주인 모르는 공사 없다. (주인부지사존호)

東言 (동언) | 主 | 人 | 不 | 知 | 事 | 存 | 乎 |

244 참새가 방앗간을 그냥 지나랴. (진작기처과춘간)

東言 (동언) | 眞 | 雀 | 豈 | 處 | 過 | 春 | 間 |

245 철 나자 망령이다. (기각시의 노망선지)

東言 (동언) | 其 | 覺 | 始 | 矣 | 老 | 妄 | 旋 | 至 |

246 팔이 들이굽지 내굽나. (비불외곡)

旬五 (순오) | 臂 | 不 | 外 | 曲 |

以外 속담 고사성어

○ 다음은 4자 외의 속담 고사성어로 본문의 연장이다.

247 하늘이 무너져도 솟아날 구멍이 있다. (천수붕 우출유혈)

東言 (동언) | 天 雖 崩　牛 出 有 穴

248 하던 지랄도 멍석 펴 놓으면 안한다. (상위지간 망석불위)

東言 (동언) | 常 爲 之 癎　網 席 不 爲

249 하룻강아지 범 무서운 줄 모른다. (일일지구 부지외호)

耳談 (이담) | 一 日 之 狗　不 知 畏 虎

250 하룻밤을 자도 만리장성을 쌓는다. (일야지숙 장성혹축)

耳談 (이담) | 一 夜 之 宿　長 城 或 築

251 한 번 실수는 병가지상사다. (일승일패 병가상사)

唐書 (당서) | 一 勝 一 敗　兵 家 常 事

252 호랑이에게 개 꾸어 준 셈. (막지구대여호)

洌上 (열상) | 莫 持 狗 貸 與 虎

부록 1 240구의 **사자소학** (四字小學)

● 사자소학은 어릴 때부터 지켜야 할 언행과 효행, 충심에 관한 지침을 밝혀둔 것이다. 인간으로서 익히 지니고 있어야 하는 예절교육으로, 평생을 같이할 수 있어야 하는 예절과 처세의 귀감이 되고도 남을 인성 교육의 장(章)이다. 총 960자를 4자씩 글귀를 만들어 240구절로 배열하였다. (사자소학은 두 종류가 있는데 276구, 1104자의 것은 쓰기 교본이 별도로 있어 여기서는 240구의 것을 부록으로 실었다)

父生我身(부생아신) :	아버지는 나를 낳으시고
母鞠吾身(모국오신) :	어머니는 나를 기르셨다.
腹以懷我(복이회아) :	나를 배에 품으시고
乳以輔我(유이보아) :	나에게 젖을 먹이셨다.
以衣溫我(이의온아) :	나에게 옷을 입혀 따뜻하게 하고
以食活我(이식활아) :	나에게 먹을것을 주어 성장하게 하셨다.
恩高如天(은고여천) :	그 은혜는 하늘처럼 높고
德厚似地(덕후사지) :	그 덕은 땅처럼 두텁다.
爲人子者(위인자자) :	사람의 자식된 자로서
曷不爲孝(갈불위효) :	어찌 효도하지 않을 수 있으리오.
欲報深恩(욕보심은) :	깊은 은혜를 갚고자 마음먹었을 때는
昊天罔極(호천망극) :	하늘도 다함이 없게 하였다.
父母呼我(부모호아) :	부모님께서 나를 부르시면
唯而趨之(유이추지) :	곧 대답하고 달려가야 한다.
父母之命(부모지명) :	부모님의 말씀을
勿逆勿怠(물역물태) :	거역하지도 말고 게을리하지도 말아야 한다.
侍坐親前(시좌친전) :	부모님 앞에 앉을 때는
勿踞勿臥(물거물와) :	걸터앉거나 눕지 말아야 한다.
對案不食(대안불식) :	밥상을 대하고서 먹지 않으시는 것은
思得良饌(사득양찬) :	좋은 반찬을 생각하시는 것이다.
父母有病(부모유병) :	부모님께서 병이 나시면
憂而謀療(우이모료) :	근심하며 낫게 해드리기에 힘써야 한다.
裹糧以送(이양이송) :	먹을 것을 싸서 보내오면
勿懶讀書(물라독서) :	감읍하여 더욱 독서하는데 게을리하지 말아야 한다.
父母唾痰(부모타담) :	부모님의 침이나 가래는
每必覆之(매필부지) :	반드시 그때그때 찾아서 덮어두어야 한다.
若告西適(약고서적) :	서쪽으로 간다고 말씀드리고 나서
不復東性(불복동성) :	동쪽으로 가서는 안 된다.
出必告之(출필고지) :	외출할 때는 반드시 알려드리고
返必拜謁(반필배알) :	돌아와서는 반드시 아뢰어야 한다.
立則視足(입즉시족) :	서계실 때는 발을 쳐다보아야 하고
坐則視膝(좌즉시슬) :	앉아 계실 때는 때는 무릎을 쳐다보아야 한다.
昏必定褥(혼필정욕) :	해가 지면 반드시 이부자리를 마련해두고
晨必省候(신필성후) :	새벽에는 반드시 안후를 살펴야 한다.
父母愛之(부모애지) :	부모님께서 나를 사랑하시니
喜而勿忘(희이물망) :	기쁘게 해 드릴 것을 잊지 마라.
父母惡之(부모악지) :	부모님께서 나를 미워하더라도
懼而無怨(구이무원) :	두려워하거나 원망하지 마라.
行勿慢步(행물만보) :	걸을 때는 거만하게 움직이지 말고
坐勿倚身(좌물의신) :	앉았을 때는 몸을 아무 데나 기대지 마라.

勿立門中(물립문중) :	문턱을 밟고 서지 말며
勿坐房中(물좌방중) :	방 한가운데에 앉지 말라.
鷄鳴而起(계명이기) :	닭이 울면 일어나서
必盥必漱(필관필수) :	반드시 세수하고 양치질을 해야 한다.
言語必愼(언어필신) :	말을 할 때는 반드시 삼가해서 해야 하고
居處必恭(거처필공) :	거처는 반드시 공손해야 한다.
始習文字(시습문자) :	문자를 배움에 있어서는
字劃楷正(자획해정) :	자획을 바르게 해야 한다.
父母之年(부모지년) :	부모님의 나이를
不可不知(불가불지) :	잊는 것은 옳지 않다.
飮食雅惡(음식아악) :	음식이 정갈하지 않더라도
與之必食(여지필식) :	내주면 반드시 먹어야 한다.
衣服雅惡(의복아악) :	의복이 좋지가 않더라도
與之必着(여지필착) :	내주면 반드시 입어야 한다.
依服帶鞋(의복대혜) :	의복과 혁대와 신발은
勿失勿裂(물실물렬) :	잃어버리지도 말며 찢지도 말아야 한다.
寒不敢襲(한불감습) :	추워졌다고 함부로 옷을 꺼내입지 말 것이며
暑勿寒裳(서물한상) :	덥다고 하여 짧은 옷을 입지 말라.
夏則扇枕(하즉선침) :	여름에 부모님이 베개 베고 누우시면 부채질해 드리고
冬則溫被(동즉온피) :	겨울에는 따뜻하게 덮어드려야 한다.
侍坐親側(시좌친측) :	부모님과 함께 옆자리에 앉을 때에는
進退必恭(진퇴필공) :	나아감과 물러남에 있어 반드시 공손해야 한다.
膝前勿坐(슬전물좌) :	무릎 앞에 앉아서도 안 되며
親面勿仰(친면물앙) :	얼굴을 똑바로 바라보지도 말아야 한다.
父母臥命(부모와명) :	부모님이 누워서 말씀하셔도
僕首聽之(복수청지) :	머리를 숙이고 들어야 한다.
居處靖靜(거처정정) :	부모님이 거하시는 곳은 편안하며 고요해야 하고
步復安詳(보복안상) :	걸음걸이도 조심스럽도록 신경써야 한다.
飽食暖衣(포식난의) :	배부르게 먹고 따뜻한 옷을 입으면서
逸居無敎(일거무교) :	가르치심을 잊고 편안함만 찾는다면
卽近禽獸(즉근금수) :	곧 짐승과 다를 바 없으니
聖人憂之(성인우지) :	성인이 염려하는 것이 바로 그것이다.
愛親敬兄(애친경형) :	부모님을 사랑하고 형을 공경함은
良知良能(양지양능) :	어질고 배움이 있는 자로서 마땅한 도리이다.
口勿雜談(구물잡담) :	잡담하지 말 것이며
手勿雜戲(수물잡희) :	손으로 못된 장난을 하지 말라.
寢則連衾(침즉연금) :	잠자리에서는 이불을 같이 덮고
食則同案(식즉동안) :	먹을 때에는 밥상을 같이하라.
借人典籍(차인전적) :	다른 사람의 책을 빌려오면
勿毀必完(물훼필완) :	반드시 손상됨이 없이 온전하게 해야 한다.
兄無衣服(형무의복) :	형이 의복이 없으면
弟必獻之(제필헌지) :	동생은 반드시 드려야 한다.
弟無飮食(제무음식) :	동생에게 먹을 것이 없으면
兄必與之(형필여지) :	형은 동생에게 먹을 것을 반드시 주어야 한다.
兄飢弟飽(형기제포) :	형은 굶고 있는데 동생이 포식한다면
禽獸之遂(금수지수) :	짐승과 다를 바 없다.
兄弟之情(형제지정) :	형제간의 정은
友愛而己(우애이기) :	서로가 우애함에 있다.
飮食親前(음식친전) :	부모님 앞에서 음식을 먹을 때에는
勿出器聲(물출기성) :	그릇 긁는 소리를 내지 말아야 한다.

居必擇隣(거필택린)	:	거처에 있어서는 반드시 이웃을 가려 사귀어야 하고
就必有德(취필유덕)	:	진로를 결정할 때에는 반드시 덕이 있는 사람을 따라야 한다.
父母衣服(부모의복)	:	부모님의 의복은
勿踰勿踐(물유물천)	:	넘거나 밟지 말아야 한다.
書机書硯(서궤서연)	:	책상과 벼루는
自黔其面(자경기면)	:	그 바닥이 정면으로 있게 하라.
勿與人鬪(물여인투)	:	다른 사람과 싸우게 되면
父母憂之(부모우지)	:	부모님이 근심하시게 되니 삼가하라.
出入門戶(출입문호)	:	대문을 나가고 들어올 때에는
開閉必恭(개폐필공)	:	열고 닫을 때 필히 공손히 하여야 한다.
紙筆硯墨(지필연묵)	:	종이와 붓과 벼루와 묵은
文房四友(문방사우)	:	서재에 갖춰져야 할 네 가지 벗이다.
晝耕夜讀(주경야독)	:	낮에는 일하고 밤에는 공부하며
夏禮春詩(하례춘시)	:	여름에는 예에 관한 책을, 봄에는 시짓기를 배워라.
言行相違(언행상위)	:	말과 행동이 서로 다르면
辱及于先(욕급우선)	:	그 욕됨이 부모님에게 미친다.
行不如言(행불여언)	:	행동과 말이 서로 같지 않으면
辱及于身(욕급우신)	:	그 욕됨이 또한 자신에게 미친다.
事親至孝(사친지효)	:	부모님게 효도로 써 정성을 다하고
養志養體(양지양체)	:	뜻을 받들어 잘 봉양해 드려야 한다.
雪裡求筍(설리구순)	:	눈 속에서 죽순을 구하려는 듯한 정성은
孟宗之孝(맹종지효)	:	맹종의 효도이다.
叩氷得鯉(고빙득리)	:	빙판을 깨서 잉어를 얻으려는 정성은
王祥之孝(왕상지효)	:	왕상의 효도이다.
晨必先起(신필선기)	:	새벽에는 반드시 먼저 일어나고
暮須後寢(모수후침)	:	저녁에는 할 일이 다 끝난 후에 자야 한다.
冬溫夏凊(동온하정)	:	겨울에는 따뜻하고 여름에는 시원하게 해 드리며
昏定晨省(혼정신성)	:	저녁엔 자리를 정해 드리고, 새벽에는 안후를 살펴드려야 한다.
出不易方(출불역방)	:	외출하여 장소를 옮겨 있지 말고
游必有方(유필유방)	:	놀 때에는 반드시 장소가 정해 있어야 한다.
身體髮膚(신체발부)	:	몸과 머리와 피부는
受之父母(수지부모)	:	모두 부모님으로부터 받은 것이다.
不敢毀傷(부감훼상)	:	따라서 함부로 손상시키지 않는 것이
孝之始也(효지시야)	:	효의 시작인 것이다.
立身行道(입신행도)	:	출세하여 효도를 행하면
揚名後世(양명후세)	:	후세에 그 이름이 빛날 것이다.
以顯父母(이현부모)	:	이로써 부모님께 광명을 드릴 수 있다면
孝之終也(효지종야)	:	효의 다함이 되는 것이다.
言必忠信(언필충신)	:	말은 반드시 믿음과 충실함으로 하고
行必篤敬(행필독경)	:	행동은 반드시 도탑고 공손함으로 해야 한다.
見善從之(견선종지)	:	선한 것을 보면 좇을 것이요
知過必改(지과필개)	:	잘못을 알았으면 필히 고쳐야 한다.
容貌端正(용모단정)	:	용모는 항상 단정하게 하고
衣冠肅整(의관숙정)	:	의복과 관은 엄숙하고 바르게 해야 한다.
作事謀始(작사모시)	:	일은 시작과 끝을 한결같이 하고
出言顧行(출언고행)	:	말할 때에는 행할 것을 돌아보고 해야 한다.
常德固持(상덕고지)	:	항상 큰 덕을 굳게 지니고
然諾重應(연낙중응)	:	대답은 신중하고 의연하게 해야 한다.
飮食愼節(음식신절)	:	음식은 삼가하며 절제할 줄 알아야 하고
言爲恭順(언위공순)	:	말을 할 때에는 공손하게 해야 한다.

起居坐立(기거좌립)	:	일어나거나 앉거나 서 있을 때는
行動擧止(행동거지)	:	그 행동함에 있어 분명해야 한다.
禮儀廉恥(예의렴치)	:	예와 의와 청렴함과 부끄러움은
是謂四維(시위사유)	:	나라를 지키는데 필요한 네 가지 근본(사유)이다.
德業相勸(덕업상권)	:	덕있는 일은 서로 권하며
過失相規(과실상규)	:	잘못된 것은 서로 규제해야 한다.
禮俗相交(예속상교)	:	예절과 풍습은 서로가 베풀고 지키며
患難相恤(환난상휼)	:	환란은 서로가 구제해야 한다.
父義母慈(부의모자)	:	아버지는 의롭고 어머니는 자애로우시니
兄友弟恭(형우제공)	:	형은 동생을 친구처럼 대하고 동생은 형을 공경해야 한다.
夫婦有恩(부부유은)	:	부부는 서로간에 은혜로움이 있어야 하고
男女有別(남녀유별)	:	남자와 여자는 서로 구별이 있어야 한다.
貧窮患難(빈궁환난)	:	가난함과 어려움에 처해 있을 때에는
親戚相救(친척상구)	:	친척들이 서로 도와주어야 하며
婚姻死喪(혼인사상)	:	결혼이나 초상을 치를 때에는
隣保相助(인보상조)	:	이웃간에 서로 도와주어야 한다.
在家從父(재가종부)	:	여자는 가정에서는 아버지를 따르고
適人從夫(적인종부)	:	출가해서는 남편을 따라야 하며
夫死從子(부사종자)	:	남편이 죽으면 아들을 따라야 한다.
是謂三從(시위삼종)	:	이것을 곧 삼종지도라 한다
元亨利貞(원형이정)	:	봄으로 만물의 생성시초가 되며, 여름으로 만물이 자라고, 가을로 만물이 여물고, 겨울로 만물이 거두는 것은
天道之常(천도지상)	:	하늘이 베푼 사물이 곧 근본이 되는 도이다.
仁義禮智(인의예지)	:	이 같이 사람이 어질고 의로우며 예의롭고 지혜로움은
人性之綱(인성지강)	:	사람의 성품을 만드는 근본이 된다.
非禮勿視(비례물시)	:	예절이 아닌 것은 보지 말며
非禮勿聽(비례물청)	:	예절이 아닌 것은 듣지도 말라.
非禮勿言(비례물언)	:	예절이 아니면 말하지도 말며
非禮勿動(비례물동)	:	예절이 아니면 행동하지도 말라.
孔孟之道(공맹지도)	:	공자와 맹자의 가르침과
程朱之學(정주지학)	:	정호·정이와 주희의 성리학은
正其誼而(정기의이)	:	그 뜻을 옳고 바르게 하는 것이요
不謀其利(불모기리)	:	이익을 꾀하고자 하는 것이 아니다.
明其道而(명기도이)	:	그 길을 밝게 하는 것이요
不計其功(불계기공)	:	그 공을 놓고 따지지 말아야 한다.
終身讓路(종신양로)	:	죽는 날까지 길을 양보하더라도
不枉百步(불왕백보)	:	떳떳이 내딛는 백보의 발길은 멈춤이 없어야 하며
終身讓畔(종신양반)	:	한평생 밭둑을 양보하는 일이 있더라도
不失一段(불실일단)	:	조금도 그 덕의를 잃지 않을 것이다.
天開於子(천개어자)	:	하늘은 자시(밤0시~2시)에 열리고
地闢於丑(지벽어축)	:	땅은 축시(3시~5시)에 열리며
人生於寅(인생어인)	:	사람은 인시(8시~10시)에 깨어나니
是謂太古(시위태고)	:	이를 가리켜 태고부터의 자연의 섭리라 한다.
君爲臣綱(군위신강)	:	임금은 신하의 근본이 되며
父爲子綱(부위자강)	:	아버지는 아들의 근본이 되며
夫爲婦綱(부위부강)	:	남편은 아내의 근본이 되니
是謂三綱(시위삼강)	:	이를 가리켜 삼강이라 한다.
父子有親(부자유친)	:	아버지와 아들간에는 친밀함이 있어야 하고
君臣有義(군신유의)	:	임금과 신하 사이에는 의로움이 있어야 하며
夫婦有別(부부유별)	:	남편과 아내 사이에는 분별이 있어야 하고

長幼有序(장유유서)	:	어른과 어린이 사이에는 차례가 있어야 하며
朋友有信(붕우유신)	:	벗과 벗 사이에는 믿음이 있어야 한다.
是謂五倫(시위오륜)	:	이를 가리켜 오륜이라 한다.
視思必明(시사필명)	:	볼 때에는 깊이 생각하여 반드시 밝게 볼 것이며
聽思必聰(청사필총)	:	들을 때도 깊이 생각하여 반드시 잘 들어야 한다.
色思必溫(색사필온)	:	표정도 깊이 생각하여 반드시 부드럽게 할 것이며
貌思必恭(모사필공)	:	차림새도 깊이 생각하여 반드시 공손해야 한다.
言思必忠(언사필충)	:	말할 때도 깊이 생각하여 반드시 정성되게 하며
事思必敬(사사필경)	:	일할 때도 깊이 생각하여 반드시 공경되게 하라.
疑思必問(의사필문)	:	의문이 생기면 깊이 생각하여 반드시 물을 것이며
憤思必難(분사필난)	:	화가 났을 때도 반드시 어려워질 것을 생각하고
見得思義(견득사의)	:	이익을 얻으면 옳은 일을 사려깊게 생각하여야 한다.
是謂九思(시위구사)	:	이를 가리켜 구사라 한다.
足容必重(족용필중)	:	발의 움직임은 반드시 무겁게 할 것이며
手容必恭(수용필공)	:	손의 움직임은 반드시 공손해야 한다.
頭容必直(두용필직)	:	머리는 반드시 곧게 세워야 하고
目容必端(목용필단)	:	눈은 반드시 단정해야 한다.
口容必止(구용필지)	:	입은 반드시 할 말 이외에는 삼가해야 하며
聲容必靜(성용필정)	:	목소리는 반드시 어질고 정숙하게 내야 한다.
氣容必肅(기용필숙)	:	움직이는 자세는 반드시 엄숙해야 하며
立容必德(입용필덕)	:	서 있는 모습은 반드시 덕이 있어야 하고
色容必莊(색용필장)	:	표정은 반드시 떳떳함의 활기가 있어야 한다.
是謂九容(시위구용)	:	이를 가리켜 구용이라 한다.
修身齊家(수신제가)	:	심신을 수양하고 집안을 다스림은
治國之本(치국지본)	:	나라를 다스리는 근본이 된다.
士農工商(사농공상)	:	선비와 농부와 장인과 상인은
國家利用(국가이용)	:	나라에 이롭게 쓰여진다.
鰥孤獨寡(환고독과)	:	홀아비와 고아와 혼자된 노인과 과부
謂之四窮(위지사궁)	:	이를 가리켜 사궁이라 하며
發政施仁(발정시인)	:	어진 정치를 베풀기 위해서는
先施四者(선시사자)	:	우선하여 사궁에게 선정으로 베풀어야 한다.
十室之邑(십실지읍)	:	열 집이 모여사는 마을에도
必有忠信(필유충신)	:	반드시 충신은 있을 수 있다.
元是孝者(원시효자)	:	효자의 근본은
爲仁之本(위인지본)	:	인을 위한 행위가 그 근본이다.
言則信實(언칙신실)	:	말은 믿을 수 있으며 진실되어야 하고
行必正直(행필정직)	:	행동은 반드시 정직해야 한다.
一粒之穀(일립지곡)	:	한 알의 곡식이라도
必身以食(필신이식)	:	음식을 먹을 때는 반드시 나누어 먹어야 한다.
一縷之衣(일루지의)	:	한오라기의 옷이라도
必分以衣(필분이의)	:	반드시 나누어 입어야 한다.
積善之家(적선지가)	:	착한 일을 많이 한 가정에는
必有餘慶(필유여경)	:	반드시 좋은 일이 언제나 뒤따른다.
積惡之家(적악지가)	:	나쁜 일을 많이 한 가정에는
必有餘殃(필유여앙)	:	언제나 재앙이 반드시 뒤따른다.
非我言老(비아언노)	:	나의 이 말들이 한 늙은이의 헛된 말이 아니오
惟聖之謨(유성지모)	:	이것들은 오직 성인의 말씀에서 비롯된 것이다.
嗟嗟小子(차차소자)	:	아! 내 마음의 탄식함이여!
敬受此書(경수차서)	:	이 글들을 공경하는 마음으로 받들어라.
一笑一少(일소일소)	:	한번 웃으면 한번 젊어지고
一怒一老(일노일로)	:	한번 성내면 한번 늙어지는 것이다.

부록 2 입시·입사 고사성어

- **家家戶戶 (가가호호)**: 각 집 또는 모든 집들, 모든 집마다 빠짐없이의 뜻으로 집집마다를 이르는 말.
- **可居之地 (가거지지)**: 살 만한 곳이란 뜻으로 살기 좋은 곳을 이르는 말임.
- **苛斂誅求 (가렴주구)**: 조세 등을 가혹하게 징수하고 물건을 청구하여 국민을 괴롭히는 일.
- **刻骨難忘 (각골난망)**: 은혜를 마음 속 깊이 새겨 잊지 않음을 이르는 말.
- **刻舟求劍 (각주구검)**: 판단력이 둔하여 세상일에 어둡고 어리석음을 이르는 말.
- **間於齊楚 (간어제초)**: 약자가 강자 틈에 끼어 괴로움을 받는다는 뜻으로 고래 싸움에 새우등 깨진다는 속담과 일치한 말.
- **甘言利說 (감언이설)**: 남에게 비위를 맞추어 달콤한 말과 이로운 조건을 거짓으로 내세워 꾀는 말.
- **甲男乙女 (갑남을녀)**: 갑이란 남자와 을이란 여자의 뜻으로 평범한 사람들을 일컫는 말.
- **甲論乙駁 (갑론을박)**: 서로 자기 주장만을 내세우며 상대의 주장을 반박함을 이르는 말.
- **綱擧網疏 (강거망소)**: 자질구레한 것보다는 큰 법이나 큰 테두리에 치중해야 함을 이르는 말.
- **改過遷善 (개과천선)**: 잘못된 점을 고치어 착하게 됨을 이르는 말.
- **開卷有得 (개권유득)**: 글을 읽어 새로운 지식을 얻는다는 뜻으로 세상의 이치는 책 안에 있음을 이르는 말.
- **開門納賊 (개문납적)**: 집의 문을 열어두어 도둑을 들게 한다는 뜻으로 스스로 화를 자초함을 이르는 말.
- **蓋世之才 (개세지재)**: 세상을 수월히 다스릴 만한 뛰어난 재기(才氣)를 이르는 말.
- **去頭截尾 (거두절미)**: 머리와 꼬리를 자른다는 뜻으로 앞뒤의 잔사설은 빼고 요점만을 말함을 이르는 말.
- **擧案齊眉 (거안제미)**: 밥상과 눈썹과 가지런히 하여 남편에게 공손히 가지고 간다는 뜻으로 남편을 깍듯이 공경함을 이르는 말.
- **隔世之感 (격세지감)**: 다른 세대에 있는 것처럼 몹시 달라진 느낌을 받을 만큼 변함을 이르는 말.
- **牽强附會 (견강부회)**: 이론이나 이유 등을 자기 쪽이 유리하도록 끌어 붙임을 뜻한 말.
- **見利思義 (견리사의)**: 눈앞에 이익이 보일 때만 의리를 생각한다는 말.
- **犬馬之勞 (견마지로)**: 나라 등에 충성을 다해 애쓰는 노력.
- **見蚊拔劍 (견문발검)**: 모기를 잡기 위해 긴 칼을 뺀다는 뜻으로 하찮은 일에 자제 못하고 울컥하는 우행을 이르는 말.
- **見物生心 (견물생심)**: 재물이나 물건을 보면 욕심이 생긴다는 말.
- **見危授命 (견위수명)**: 나라가 위태로울때 목숨을 아끼지 않고 나라를 위하여 싸움.
- **結草報恩 (결초보은)**: 죽어서 혼령이 되어도 그 은혜를 잊지 않고 갚는다는 말.
- **謙讓之德 (겸양지덕)**: 겸손하고 사양하는 아름다운 덕성.
- **輕擧妄動 (경거망동)**: 경솔하고 망년된 행동.
- **傾國之色 (경국지색)**: 군왕이 혹하여 나라가 뒤집혀도 모를 만한 미인. 곧 나라 안에 으뜸가는 미인을 이르는 말. (비) 경성지미(傾城之美)
- **敬而遠之 (경이원지)**: ① 겉으로는 공경하는 척하나 속으로는 멀리함. ② 존경하기는 하되 가까이하지 아니함. (준)敬遠(경원)
- **敬天愛人 (경천애인)**: 하늘을 공경하고 사람을 사랑한다는 뜻으로 섭리와 순리를 따르고 속된 욕심이 없음을 이르는 말.
- **經天緯地 (경천위지)**: 천하를 경륜하여 온전히 다스림.
- **階高職卑 (계고직비)**: 품계는 높고 벼슬은 낮음을 이르는 말.
- **鷄口牛後 (계구우후)**: 닭의 부리와 소의 꼬리라는 말로, 큰 단체의 꼴찌보다는 작은 단체의 우두머리가 되라는 뜻.
- **鷄卵有骨 (계란유골)**: 달걀에도 뼈가 있다는 뜻으로, 공교롭게 어떤 일이 방해됨을 이르는 말.
- **鷄鳴狗盜 (계명구도)**: 행세하는 사람이 배워서는 아니 될 천박한 일을 뜻한 말로 천박한 기능을 가진 사람을 이르는 말.
- **孤軍奮鬪 (고군분투)**: 약한 힘으로 누구의 도움도 없이 혼자서 겨운 일을 해나감.
- **膏粱珍味 (고량진미)**: 기름진 고기와 좋은 곡식으로 만든 맛있는 음식이라는 뜻으로 기름진 진수성찬을 이르는 말.
- **枯木生花 (고목생화)**: 고목에 꽃이 핀다는 뜻으로 불우했던 사람이 행운을 만나거나 늙은 분이 회춘함을 이르는 말.
- **鼓服擊壤 (고복격양)**: 옛 중국 요임금 시대 한 노인이 땅을 발로 구르며 요임금의 덕을 찬양해 태평을 즐겼다는 고사로 이른바 태평성대를 이르는 말.
- **孤掌難鳴 (고장난명)**: 「외손뼉이 우랴」라는 뜻으로, 혼자 힘으로는 일이 잘 안됨을 비유하는 말.
- **苦盡甘來 (고진감래)**: 쓴 것이 다하면 단 것이 온다는 고사로써 곧 고생이 끝나면 영화가 온다는 말. (반) 興盡悲來(흥진비래)
- **骨肉相殘 (골육상잔)**: 뼈와 살이 서로 싸운다는 뜻으로 동족끼리 서로 싸움을 비유한 말.

- 誇大妄想 (과대망상) : 무리하게 과장된 것을 믿는 망령된 생각.
- 寡聞淺識 (과문천식) : 보고 들은 것이 적고 배움이 얕음을 뜻한 말로, 견문이 적고 지식이 미숙함을 이르는 말.
- 過猶不及 (과유불급) : 어떤 사물이 정도에 지나침은 도리어 미치지 못한 것과 같다는 말.
- 冠履顚倒 (관리전도) : 관과 신 등의 놓는 자리를 바꾼다는 뜻으로 상하위치를 거꾸로 한다는 말.
- 管鮑之交 (관포지교) : 중국 춘추시대 때 관중(管仲)과 포숙아(鮑叔牙)의 우정을 일러 생긴 고사로 아주 절친한 친구 사이을 일컬음.
- 矯角殺牛 (교각살우) : 소의 뿔을 교정하려다 소를 죽인다는 뜻으로 지나치게 작은 것까지 신경 쓰려다 정작 긴요한 일을 그리친다는 말.
- 巧言令色 (교언영색) : 남의 환심(歡心)을 사기 위하여 아첨하는 교묘한 말과 보기 좋게 꾸미는 얼굴빛.
- 句句節節 (구구절절) : 어떤 글이나 말 따위의 구절마다의 뜻으로 시문을 강조하는 부사로 쓰이는 말.
- 救國干城 (구국간성) : 나라를 위기에서 구하고 지키려는 믿음직한 군인이나 인물.
- 劬勞之恩 (구로지은) : 자신을 낳아주시고 기르느라 고생하신 부모님의 은혜를 뜻한 말로 곧 어버이의 은혜를 이르는 말.
- 九死一生 (구사일생) : 어렵게 어렵게 죽을 고비에서 살아남을 이르는 말.
- 口尙乳臭 (구상유취) : 입에서 아직 젖내가 난다는 뜻으로, 언어와 행동이 매우 어리고 유치함을 일컬음.
- 九牛一毛 (구우일모) : 아홉 마리의 소에 한가닥의 털이란 뜻으로, 썩 많은 가운데의 극히 적은 것을 비유하는 말.
- 九折羊腸 (구절양장) : 세상일이 매우 복잡하여 살아가기가 어려움을 비유하는 말.
- 群鷄一鶴 (군계일학) : 많은 닭 중에 한마리 학이라는 뜻으로 곧 많은 사람 중 가장 뛰어난 인물을 말함.
- 群雄割據 (군웅할거) : 많은 영웅들이 지역을 갈라서 자리잡고 서로의 세력을 다툼.
- 窮鳥入懷 (궁조입회) : 쫓겨 도망갈 곳이 없어서 품안에 든 궁궁한 새는 마땅히 보살펴 주어야 한다는 뜻으로 곤궁에 빠진 사람을 모름지기 구해 주는 것이 인간이라는 말.
- 權謀術數 (권모술수) : 그때 그때의 상황에 따라 변통성 있게 둘러 맞추는 모략이나 수단.
- 勸善懲惡 (권선징악) : 착한 행실을 권장하고 나쁜 행실을 징계함.
- 捲土重來 (권토중래) : 한 번 패하였다가 세력을 회복하여 다시 쳐 들어옴.
- 近墨者黑 (근묵자흑) : 먹을 가까이하면 검어진다는 고사로, 악한 이를 가까이 하면 악에 물들기 쉽다는말.
- 金蘭之契 (금란지계) : 친구 사이의 매우 두터운 정의나 우정을 일컫는 말로 금란지교(金蘭之交)와도 같은 말.
- 錦上添花 (금상첨화) : 비단 위에 꽃을 더함. 곧 좋은 일에 더 좋은 일이 겹침을 이르는 말. (반) 雪上加霜(설상가상)
- 今昔之感 (금석지감) : 지금과 예전을 비교하여 받는 느낌.
- 金石之交 (금석지교) : 쇠나 돌과 같이 굳은 교제.
- 金城鐵壁 (금성철벽) : 경비가 매우 견고한 성벽.
- 金城湯池 (금성탕지) : 끓는 물이 괴어 있어 누구도 가까이 범접할 수 없을 만큼 견고한 성이란 뜻으로 금성철벽(今城鐵壁)과 같은 말.
- 錦衣還鄕 (금의환향) : 타지에서 성공하여 자기 고향으로 돌아감.
- 金枝玉葉 (금지옥엽) : 귀엽게 키우는 보물 같은 자식.
- 欺世盜名 (기세도명) : 세상을 속이며 헛된 명예를 쫓는다는 뜻으로 세상 사람을 속여 자기만의 명예를 얻는다는 말.
- 騎虎之勢 (기호지세) : 먹힐 것같아 호랑이 등을 타고 가다 중도에서 그만 둘 수 없는 절박한 처지를 비유한 말.
- 落眉之厄 (낙미지액) : 눈썹에 떨어진 불같은 재화란 뜻으로 눈앞에 닥친 재앙을 이르는 말.
- 南柯一夢 (남가일몽) : [중국의 순우분(淳于芬)이란 사람이 취중에 홰나무 밑에서 잠을 자다 남가군의 장군이 되어 이십 년 동안의 영화를 누린 꿈을 꾸고 깨니, 그곳이 개미의 집이더라는 고사에서] ① 깨고 나서 섭섭한 허황된 꿈. ② 덧없이 지나간 한 때의 헛된 부귀나 행복을 이르는 말.
- 男女老少 (남녀노소) : 남자, 여자, 그리고 늙은이, 어른, 젊은 사람이라는 뜻으로 모든 사람을 일컫는 말.
- 內憂外患 (내우외환) : 나라 안팎의 여러 가지 근심과 걱정이라는 뜻으로 안의 분란과 밖의 환란이라는 말.
- 綠陰芳草 (녹음방초) : 푸르른 나무들의 그늘과 꽃다운 풀. 곧 여름의 자연 경관.
- 論功行賞 (논공행상) : 세운 만큼의 공을 논정(論定)하여 상을 줌.
- 弄假成眞 (농가성진) : 장난삼아 한 것이 참으로 사실이 됨을 이르는 말.(동) 假弄成眞
- 籠鳥戀雲 (농조연운) : 새장에 갇힌 새만이 구름(자유)의 그리움을 안다는 뜻으로 속박에서의 그리워하는 자유를 말함.
- 累卵之勢 (누란지세) : 쌓여 있는 알처럼 매우 위태로운 형세.
- 能小能大 (능소능대) : 큰 일이고 작은 일이고 간에 두루 능하다 함을 뜻한 말로 다재다능함을 이르는 말.
- 單刀直入 (단도직입) : 너절한 서두를 생략하고 요점이나 본문제를 간단명료하게 말함.
- 談虎虎至 (담호호지) : 호랑이도 제 말하면 나타난다는 뜻으로 어떤 사람에 대해 말하는데 우연찮게 그 사람이 나타났을 때 이르는 말.

- 大器晚成 (대기만성) : 크게 될 사람은 늦게 이루어 진다는 뜻.
- 對牛彈琴 (대우탄금) : 소에게 거문고 소리를 들려준다는 뜻으로 어리석은 사람에겐 아무리 도리를 가르쳐도 알아듣지 못함을 비유한 말.
- 大義名分 (대의명분) : 모름지기 지켜야 할 큰 명리나 직분.
- 德業相勸 (덕업상권) : 송(宋)나라 때 여대균(呂大釣)이 창시한 향리의 규약인 네 덕목 중의 하나로 좋은 일은 서로 권장하고 장려해야 함을 이르는 말.
- 獨不將軍 (독불장군) : ① 홀로 목적을 달성하려는 외로운 사람. ② 혼자서는 장군이 못된다는 뜻으로, 남과 협조하여야 한다는 말.
- 獨守空房 (독수공방) : 남편을 잃은 여자가 빈방을 외롭게 지킨다는 뜻으로 무관심한 남편으로부터 소식이 없거나 남편과 사별한 과부가 홀로 밤을 지샘을 뜻한 말이기도 함.
- 同價紅裳 (동가홍상) : 이왕이면 다홍치마, 곧 같은 값이면 좋은 것을 가진다는 뜻.
- 同苦同樂 (동고동락) : 고통과 즐거움을 함께 함.
- 東問西答 (동문서답) : 묻는 말과는 아주 딴판인 엉뚱한 대답.
- 洞房華燭 (동방화촉) : 결혼예식을 마치고 신랑이 첫날밤을 처가의 신부의 방에서 자는 의식을 일컫는 말.
- 同病相憐 (동병상련) : 같은 병을 앓는 사람끼리 서로 가엾게 여긴다는 뜻으로 처지가 비슷한 사람끼리 서로 도우며 위로하는 것.
- 東奔西走 (동분서주) : 이곳 저곳 무척 바쁘게 돌아다님.
- 同床異夢 (동상이몽) : 같은 잠자리에서 다른 꿈을 꿈. 곧 겉으로는 행동이 같으면서 속으로는 딴 생각을 가진다는 뜻.
- 東征西伐 (동정서벌) : 전쟁을 하여 여러 나라를 이곳 저곳 정벌(征伐)함을 이르는 말.
- 凍足放尿 (동족방뇨) : 언 발에 오줌누기란 뜻으로 어떤 사물이 한때만 도움이 될 뿐 머지않아 더 상황이 악화됨을 이르는 말.
- 杜門不出 (두문불출) : 집 안에서만 있고 밖에는 나가지 않음.
- 燈下不明 (등하불명) : 등잔 밑이 어둡다는 뜻으로, 가까이 있는 것을 도리어 알아내기 어렵다는 말.
- 燈火可親 (등화가친) : 가을밤은 서늘하여 등불을 가까이 두고 글읽기에 좋다는 말.
- 馬耳東風 (마이동풍) : 남의 말을 귀담아 듣지 않고 무관심하게 흘러 버림을 뜻함.
- 莫逆之友 (막역지우) : 뜻이 서로 맞는 매우 가까운 벗.
- 萬頃蒼波 (만경창파) : 한없이 넓고 푸른 바다나 큰 호수의 물결이란 뜻으로 끝없이 너른 바다를 이르는 말.
- 萬卷讀破 (만권독파) : 만권이나 되는 책을 다 읽음을 뜻하는 말로 곧 많은 책을 처음부터 끝까지 다 읽어 냄.
- 萬事休矣 (만사휴의) : 모든 방법이 헛되게 됨.
- 滿山遍野 (만산편야) : 산과 들에 가득차서 뒤덮여 있음.
- 滿山紅葉 (만산홍엽) : 단풍이 들어 온 산이 붉은 잎으로 뒤덮임.
- 罔極之恩 (망극지은) : 죽을 때까지 보답을 다할 수 없는 임금이나 부모의 크나큰 은혜.
- 忘年之交 (망년지교) : 나이 차이와는 상관않고 허물없이 사귀는 벗이란 뜻으로 망년지우와 같은 말.
- 茫無際涯 (망무제애) : 아득히 넓고 멀어 그 끝이 없음을 뜻한 말로 망무애반, 일망무제와 같이 쓰임.
- 望洋之歎 (망양지탄) : 바다를 바라보며 하는 탄식. 곧 힘이 미치지 못하여 하는 탄식.
- 望雲之情 (망운지정) : 객지에서 자식이 고향의 어버이를 그리워하는 정을 뜻한 말로 부모를 그리워하는 자식의 심정을 일컫는 말.
- 賣鹽逢雨 (매염봉우) : 소금을 팔다 비를 만난다는 뜻으로 하는 일 따위에 마가 끼었음을 이르는 말.
- 梅妻鶴子 (매처학자) : 매화를 아내 삼고 학을 자식 삼는다는 뜻으로 고상하고 멋있게 풍류를 즐기며 사는 풍아한 생활을 일컫는 말.
- 盲者丹靑 (맹자단청) : 볼 수 없는 소경의 단청 구경이란 뜻으로 아무리 보아도 사물을 감정할 능력이 없이 그저 봄을 이르는 말.
- 猛虎伏草 (맹호복초) : 숲속에 엎드린 사나운 범이란 뜻으로 초야에 묻혀 있는 영웅도 언젠가는 반드시 세상에 나타난다는 비유의 말.
- 面從腹背 (면종복배) : 겉으로는 따르는척 하나 마음속으로는 싫어함.
- 滅門之禍 (멸문지화) : 한 가문, 한 집안이 다 죽임을 당하는 끔찍한 재앙을 뜻한 말로 멸문지환과도 같이 쓰임.
- 明鏡止水 (명경지수) : ① 맑은 거울과 잔잔한 물. ② 잡념이 없는 맑고 깨끗한 마음.
- 名實相符 (명실상부) : 명명함과 실상이 서로 들어맞음. (반)名實相反(명실상반)
- 明明白白 (명명백백) : (밝음을 강조하거나, 확실함을 강조하여) 아주 명백함을 뜻한 말.
- 明若觀火 (명약관화) : 불을 보는 것처럼 확실함. 곧 더 말할 나위 없이 명백함.
- 冥在頃刻 (명재경각) : 곧 숨이 끊어질 지경에 이름을 뜻한 말로 목숨의 안위를 잃을 수도 있을 만큼 다급한 상황에도 비유하여 쓰는 말.
- 毛遂自薦 (모수자천) : [조(趙)나라의 왕 평원군(平原君)이 초(楚)나라에 구원을 청하기 위하여 사자(使者)를 물색하는 중, 모수가 자기 자신을 천거하였다는 고사에서 유래함.] 자기가 자기를 천거함을 가리키는 말.

- 目不識丁 (목불식정) : 일자무식(一字無識)을 이르는 말.(정(丁)자도 모르는, ㄱ자도 모르는)
- 目不忍見 (목불인견) : 딱하고 가엾어 차마 눈으로 볼 수 없음. 또는 그러한 참상.
- 無可奈何 (무가내하) : 한번 정한 것을 고집하여 도무지 융통성이 없음을 뜻한 말로 막무가내(莫無可奈)와 같은 말임.
- 武陵桃源 (무릉도원) : 도연명(陶淵明)의 도화원기(桃花源記)에 나오는 별천지. 진(秦)나라 때에 난리를 피(避)한 사람들이 살고 있었다는 곳. 선경(仙境).
- 無不通知 (무불통지) : 정통하여 모르는 것이 없음.
- 無所不能 (무소불능) : 가능하지 않는 것이 없음.
- 務實力行 (무실역행) : 어떤 일에 임하는 자세가 참되고 실속 있도록 힘써 실행함을 이르는 말.
- 無爲徒食 (무위도식) : 하는 일 없이 먹고 놀기만 함.
- 文房四友 (문방사우) : 글을 쓸 때 필수적인 문방구를 일컫는 말로 이른바 종이, 붓, 먹, 벼루를 이르는 말.
- 聞一知十 (문일지십) : 한 마디를 듣고 열가지를 미루어 앎. 곧 총명하고 지혜로움을 이르는 말.
- 尾生之信 (미생지신) : 융통성 없이 약속만을 굳게 지킴을 이르는 말.
- 美風良俗 (미풍양속) : 아름답고 좋은 풍속.
- 博而不精 (박이부정) : 널리 두루 알지만 자세히 알지는 못한다는 뜻으로 겉으로 알지만 전문적이지 못함을 말함.
- 拍掌大笑 (박장대소) : 손바닥을 치며 극성스럽게 큰 소리로 웃는 웃음.
- 半信半疑 (반신반의) : 반은 믿고 반은 의심함.
- 拔本塞源 (발본색원) : 폐단의 근원을 찾아 그 뿌리를 뽑아 버림.
- 背水之陣 (배수지진) : 필사적인 전투의 병법으로 뒤에 벼랑을 두고 적과의 전투에 임하는 진법을 이르는 말.
- 百家爭鳴 (백가쟁명) : 중국 춘추전국 시대 때 많은 사상가가 배출되어 많은 학설을 낳았는데 이에 많은 학자들의 활발한 논쟁을 일컬음.
- 白骨難忘 (백골난망) : 죽어서 백골이 되어도 은혜를 잊을 수 없다는 뜻으로 남의 은혜에 깊이 감사하는 말.
- 百年佳約 (백년가약) : 남녀가 부부가 되어 평생을 함께 하겠다는 언약. (동) 百年佳期(백년가기)
- 百年大計 (백년대계) : 먼 훗날까지 고려한 큰 계획.
- 百年河淸 (백년하청) : 중국의 황하(黃河)가 항상 흐리어 맑을 때가 없다는 데서 나온 고사로, 아무리 오래 되어도 이루어지기 어려움을 일컫는 말.
- 百年偕老 (백년해로) : 부부가 되어 화락하게 일생을 함께 늙음.
- 伯牙絶絃 (백아절현) : 백아가 자기의 비파소리를 진심으로 좋아하던 종자기(鍾子期)가 죽자 자기 비파줄을 끊고 다시는 타지 않았다는 고사로 자기를 알아주는 참다운 벗의 죽음을 슬퍼함을 이르는 말.
- 白衣從軍 (백의종군) : 벼슬함이 없이, 또는 군인이 아니면서 군대를 따라 전쟁에 나감.
- 百折不屈 (백절불굴) : 백번을 꺾어도 굽히지 않음. 곧 많은 고난을 극복하여 이겨 나감.
- 父傳子傳 (부전자전) : 대대로 아버지가 아들에게 전함을 이르는 말.
- 附和雷同 (부화뇌동) : 줏대없이 남이 하는 대로 따라 행동함.
- 粉骨碎身 (분골쇄신) : 뼈는 가루가 되고 몸은 산산조각이 됨. 곧 목숨을 다해 애씀을 이르는말.
- 不顧廉恥 (불고염치) : 부끄러움과 치욕을 생각하지 않음.
- 不俱戴天 (불구대천) : 같은 하늘을 두고 함께 살지 못한다는 뜻으로 이 세상을 같이 살 수 없을 만틈 큰 원한이나 원수를 비유한 말.
- 不問可知 (불문가지) : 묻지 않아도 능히 알 수 있음.
- 不問曲直 (불문곡직) : 일의 옳고 그름을 묻지 않고 곧바로 행동이나 말로 들어감.
- 鵬程萬里 (붕정만리) : 붕새의 날아가는 길이 만리로 트임. 곧 전정(前程)이 아주 멀고도 큼을 이름.
- 飛禽走獸 (비금주수) : 날짐승과 들짐승.
- 非禮勿視 (비례물시) : 예의에 어긋나는 일은 보지도 말라는 말.
- 非一非再 (비일비재) : 이같은 일이 한두 번이 아님.
- 四顧無親 (사고무친) : 사방을 둘러보아도 의지할 만한 사람이 전혀 없음을 이르는 말.
- 四面楚歌 (사면초가) : 사면이 모두 적병(敵兵)으로 포위된 상태를 이르는 말.
- 四分五裂 (사분오열) : 여러 갈래로 찢어짐. 어지럽게 분열됨.
- 沙上樓閣 (사상누각) : 모래 위에 세운 다락집. 곧 기초가 약하여 넘어질 염려가 있거나 오래 유지하지 못할 일, 또는 실현 불가능한 일을 비유하는 말.
- 四通五達 (사통오달) : 길이나 교통·통신 등이 사방으로 막힘없이 통함.

• 事必歸正 (사필귀정) :	어떤 일이든 결국은 올바른 이치대로 됨. 반드시 정리(正理)로 돌아감.	
• 山高水長 (산고수장) :	높은 산과 같고 긴 강의 흐름과 같이 유유하다는 뜻으로 어진이의 덕행이나 지조의 청정함을 비유한 말.	
• 山崩海浸 (산붕해침) :	산이 무너지고 바다가 가라앉는다는 뜻으로 천지개벽이나 천재지변과 큰 난리 등에 아울러 쓰이는 말.	
• 山戰水戰 (산전수전) :	산과 물에서의 전투를 다 겪었다는 뜻으로 세상에서 온갖 경험을 다 했음을 이르는 말.	
• 山海珍味 (산해진미) :	산과 바다에서 나는 재료로 만든 맛 좋은 음식. (동) 山珍海味(산진해미)	
• 殺身成仁 (살신성인) :	자신의 목숨을 버려서 인(仁)을 이룸.	
• 三綱五倫 (삼강오륜) :	삼강(三綱)은 군신·부자·부부 사이에 지켜야 할 세가지 도리, 오륜(五倫)은 부자 사이의 친애, 군신 사이의 의리, 부부 사이의 분별, 장유 사이의 차례, 친구 사이의 신의를 이르는 다섯가지 도리.	
• 三顧草廬 (삼고초려) :	[중국 촉한(蜀漢)의 유비(劉備)가 제갈량(諸葛亮)의 초옥을 세 번 방문하여 군사(軍師)로 맞이들인 일에서]인재를 맞이하기 위하여 자기몸을 굽히고 참을성 있게 마음 씀을 비유하는말.	
• 森羅萬象 (삼라만상) :	우주(宇宙)사이에 있는 수 많은 현상.	
• 三人成虎 (삼인성호) :	거리에 범이 나왔다고 여러 사람이 다 함께 말하면 거짓말이라도 참말로 듣는다는 말로, 근거없는 말이라도 여러 사람이 말하면 곧이듣는다는 뜻.	
• 三尺童子 (삼척동자) :	신장이 석자에 불과한 자그마한 어린애를 이르는 말.	
• 喪家之狗 (상가지구) :	상가집만을 찾아 먹이를 연명하는 개라는 뜻으로 아무런 지위도 없이 떠도는 대접받지 못하는 사람을 이르는 말.	
• 桑田碧海 (상전벽해) :	뽕나무 밭이 변하여 푸른 바다가 되 듯 세상이 변화무쌍함을 비유하는 말.	
• 塞翁之馬 (새옹지마) :	인생의 길흉·화복은 변화무쌍하여 예측하기 어렵다는 뜻.	
• 生老病死 (생로병사) :	나고, 늙고, 병들고, 죽는다는 뜻으로 불가에서 말하는 중생이 반드시 겪어야 하는 네 가지 고통을 이르는 말.	
• 生面不知 (생면부지) :	한 번도 본 적이 없는 사람. 전혀 알지 못한 사람.	
• 生不如死 (생불여사) :	삶이 죽음보다 못하다는 뜻으로 그 만큼 큰 곤경에 빠져 살 의욕이 없음을 이르는 말.	
• 先見之明 (선견지명) :	앞일을 미리 예견하여 내다보는 밝은 슬기.	
• 先公後私 (선공후사) :	우선 공적인 일을 먼저 하고 사적인 일은 뒤로 미룸.	
• 仙風道骨 (선풍도골) :	풍채가 뛰어나고 용모가 수려한 사람.	
• 雪上加霜 (설상가상) :	눈 위에 서리란 말로, 불행한 일이 거듭하여 생김을 가리킴.	
• 歲寒三友 (세한삼우) :	겨울철 관상용(觀賞用)인 세가지 나무. 곧 소나무, 대나무, 매화 나무의 일컬음. 송죽매(松竹梅)	
• 束手無策 (속수무책) :	손을 묶은 듯이 계략과 대책이 전혀 없음. 곧 어찌할 도리가 없음.	
• 送舊迎新 (송구영신) :	묵은 해를 보내고 새해를 맞이함.	
• 首丘初心 (수구초심) :	여우가 죽을 때 머리를 자기가 살던 굴로 향한다는 말로, 고향을 그리워하는 마음을 일컬음.	
• 壽福康寧 (수복강령) :	오래 살아 복되며, 몸이 건강하여 평안함을 이르는 말.	
• 手不釋卷 (수불석권) :	손에서 책을 놓지 않는다는 뜻으로 학문에 매진하고 부지런히 애써 공부한다는 말.	
• 首鼠兩端 (수서양단) :	쥐는 의심이 많아 쥐구멍에서 머리를 조금 내밀고 이리 저리 살핀다는 뜻으로, 머뭇거리며 진퇴·거취를 결정짓지 못하고 관망하는 상태를 이름.	
• 袖手傍觀 (수수방관) :	팔장을 끼고 보고만 있다는 뜻으로, 직접 손을 내밀어 도와주거나 간섭하지 아니하고 그대로 내버려둠을 이르는 말.	
• 修身齊家 (수신제가) :	행실을 올바로 닦고 집안을 바로 잡음을 이르는 말.	
• 水魚之交 (수어지교) :	고기와 물과의 사이처럼, 떨어질 수 없는 특별한 친분.	
• 守株待兎 (수주대토) :	주변머리가 없고 융통성이 전혀 없이 굳게 지키기만 함을 이르는 말.	
• 宿虎衝鼻 (숙호충비) :	자는 호랑이 코털을 건드린다는 뜻으로 공연히 건드려 어떤 화를 자초하거나 일을 불리하게 만듦을 이르는 말.	
• 脣亡齒寒 (순망치한) :	입술이 없어지면 이가 시리다는 뜻으로, 곧 서로 이웃한 사람 중에서 한 사람이 망하면 다른 한 사람에게도 그 영향이 있음을 이르는 말.	
• 是非曲直 (시비곡직) :	옳고 그리고 굽고 곧음을 뜻한 사자성어로 시비선악과 같이 네 가지 판단을 이르는 말.	
• 始終如一 (시종여일) :	시작과 끝이 한결같이 변함이 없음.	
• 食少事煩 (식소사번) :	먹을 것은 적고 할 일이 많음을 일컫는 말.	
• 識字憂患 (식자우환) :	글자깨나 섣불리 좀 알았던 것이 도리어 화의 근원이 되었다는 뜻.	
• 信賞必罰 (신상필벌) :	공이 있는 사람에게는 필히 상을 주고, 죄가 있는 사람에게는 반드시 벌을 줌. 곧 상벌을 엄정히 하는 일.	
• 身言書判 (신언서판) :	인물을 선정하는 기준으로 삼던 네가지 조건. 곧 신수·말씨·글씨·판단력.	

- 神出鬼沒 (신출귀몰) : 귀신이 출몰하듯 자유 자재로 유연하고 민첩하게 움직여 그 변화를 헤아리지 못함.
- 深思熟考 (심사숙고) : 깊이 생각하고 거듭 생각함을 말함. 곧 신중을 기하여 곰곰이 생각함.
- 尋章摘句 (심장적구) : 옛 선인들의 글귀를 따서 글을 짓는다는 뜻으로 이것은 학문에 매진하는 이에겐 긍정적이지만 심사나 평을 위한 기준에서는 부정적인 뜻임.
- 十年知己 (십년지기) : 오래 전부터 사귀어 온 절친한 벗.
- 十常八九 (십상팔구) : 열이면 여덟이나 아홉은 그러함. (동)十中八九(십중팔구)
- 十匙一飯 (십시일반) : 열 사람이 한 숟씩 보태면 한 사람 분의 분량이 된다는 뜻으로, 여러 사람이 힘을 합하면 한 사람을 구제하기가 쉽다는 말.
- 十中八九 (십중팔구) : 열 가운데에서 여덟이나 아홉이 그렇다는 뜻으로 거의 예외없이 그럴 것이다라는 추측을 나타내는 말.
- 阿鼻叫喚 (아비규환) : 지옥같은 고통을 참지 못하여 울부짖는 소리. 곧 여러 사람이 몹시 비참한 지경에 빠졌을 때 그 고통에서 헤어나려고 악을 쓰며 소리를 지르는 모양을 말함.
- 我田引水 (아전인수) : 자기 논에 물대기란 뜻으로, 자기에게 유리한 대로만 함.
- 惡因惡果 (악인악과) : 악의 원인을 제공하면 악의 결과를 얻데 된다는 뜻으로 악한 일을 하면 반드시 앙갚음이 돌아온다는 철칙을 말함.
- 安貧樂道 (안빈낙도) : 가난함 속에서도 편안한 마음으로 도를 즐긴다는 뜻으로 사람은 욕심만 빼면 만사가 편안하다는 말.
- 眼下無人 (안하무인) : 눈 아래 사람이 없음. 곧 교만하여 사람들을 아래로 보고 업신여김.
- 弱肉强食 (약육강식) : 약한 쪽이 강한 쪽에게 먹히는 자연 현상.
- 羊頭狗肉 (양두구육) : 양의 대가리를 내어놓고 개고기를 팖. 곧 겉으로는 훌륭하게 내세우나 속은 음흉한 생각을 품고 있다는 뜻.
- 梁上君子 (양상군자) : [후한(後漢)의 진식이 들보 위에 숨어 있는 도둑을 가리켜 양상(梁上)의 군자(君子)라 말한 데서 온 말] 곧, 도둑을 미화하여 점잖게 부르는 말.
- 良藥苦口 (양약고구) : 효험이 좋은 약은 입에 쓰다는 말로, 충직한 말은 듣기가 싫으나 받아들이면 자신에게 이롭다는 뜻.
- 養虎遺患 (양호유환) : 화근을 길러 근심을 사는 것을 일컫는 말.
- 魚頭鬼面 (어두귀면) : 고기 대가리에 귀신 상판대기라는 말로, 망측하게 생긴 얼굴을 이르는 말.
- 魚頭肉尾 (어두육미) : 생선은 머리. 짐승은 꼬리 부분이 맛이 좋다는 말.
- 漁父之利 (어부지리) : 도요새와 무명조개가 다투는 틈을 타서 둘 다 잡은 어부처럼, 당사자가 싸우는 틈을 타 제삼자가 애쓰지 않고 가로챔을 이르는 말.
- 億兆蒼生 (억조창생) : 본디 불가에서 파생되어 나온 말로 수많은 세상 사람들이란 뜻으로 이 세상 모든 사람을 지칭하여 쓰는 말.
- 言語道斷 (언어도단) : 말문이 막힌다는 뜻으로 너무 어이없어서 말할래야 말할 수 없음을 이름.
- 言中有骨 (언중유골) : 예사로운 말 속에 뼈 같은 속 뜻이 있다는 말.
- 言行一致 (언행일치) : 말과 행동을 같게 한다는 뜻으로 모름지기 사람은 말과 행동이 같아야 한다는 경계의 말.
- 與民同樂 (여민동락) : 임금이 백성과 더불어 낙(樂)을 같이함. (동) 與民諧樂(여민해락)
- 如拔痛齒 (여발통치) : 아픈 이를 뺌과 같다는 뜻으로 괴롭고 고통스런 일에서 시원하게 벗어남을 이르는 말.
- 連絡杜絶 (연락두절) : 오고 감이 끊이지 않고 교통이 되었던 것이 막히고 끊어짐.
- 緣木求魚 (연목구어) : 나무 위에서 고기를 구한다는 뜻으로, 안될 일을 무리하게 하려고 한다는 뜻.
- 燃眉之厄 (연미지액) : 눈썹에 불붙은 만큼 다급한 재앙이란 뜻으로 낙미지액과 같이 쓰이는 말.
- 榮枯盛衰 (영고성쇠) : 번영하여 융성함과 말라서 쇠잔해 짐. (동) 興亡盛衰.
- 映雪讀書 (영설독서) : 어두운 밤에 하얀 눈에 책을 대고 그 빛으로 독서한다는 뜻으로 가난한 고학의 학문에 대한 열정을 표한 말로 형설지공과 같은 의미의 말.
- 英雄豪傑 (영웅호걸) : 영웅과 호걸.
- 五穀百果 (오곡백과) : 오곡과 많은 과일이란 뜻으로 온갖 곡식들과 여러 가지 과실들을 지칭한 말.
- 五里霧中 (오리무중) : 짙은 안개 속에서 길을 찾기 어려움과 같이, 어떤일에 대하여 알길이 없음.
- 寤寐不忘 (오매불망) : 자나깨나 잊지 못하는 애절한 심정을 이르는 말.
- 吾鼻三尺 (오비삼척) : 내 코가 석 자라는 뜻. 곧 자기의 곤궁이 심하여 남의 사정을 돌아볼 여유가 없음을 일컫는 말.
- 烏飛梨落 (오비이락) : 까마귀 날자 배 떨어진다는 뜻. 곧 우연한 일로 남으로부터 혐의를 받게 됨을 가리키는 말.
- 烏飛一色 (오비일색) : 날고 있는 까마귀가 모두 같은 색깔이라는 뜻으로, 모두 같은 종류 또는 피차 똑같음을 의미하는 말.
- 吳越同舟 (오월동주) : [중국 춘추 전국 시대의 오왕 부차(吳王夫差)와 월왕 구천(越王句踐)이 항상 적의를 품고 싸웠다는 고사에서 유래한 말] 서로 적대하는 사람이 같은 경우의 처지가 됨을 가리키는 말.
- 屋上架屋 (옥상가옥) : 지붕 위에 또 지붕을 얹음. 곧 있는 것에 부질없이 거듭함을 이르는 말.

- 玉石俱焚 (옥석구분): 옥과 돌이 함께 탄다는 뜻. 곧 나쁜 사람이나 좋은 사람이나 다 같이 재앙을 당함을 비유해서 하는 말.
- 溫故知新 (온고지신): 옛것을 익히고 그것으로 미루어 새 것을 알 수 있다는 뜻.
- 臥薪嘗膽 (와신상담): [옛날 중국 월왕 구천(越王句踐)이 오왕 부차(吳王夫差)에게 나라를 빼앗기고 나서 괴로움과 어려움을 참고 견디어 결국 나라를 회복 했다는 고사(故事)에서 나온 말] 섶에 누워 쓸개의 쓴맛을 맛본다는 뜻으로, 원수를 갚으려고 고통과 어려움을 참고 견딤을 비유함.
- 外富內貧 (외부내빈): 겉으로는 부유해 보이지만 속으로는 가난하다는 뜻으로 외양은 부자인 듯하나 사실은 구차하고 가난하다는 말.
- 外貧內富 (외빈내부): 겉으로는 가난하지만 속으로는 부자란 뜻으로 외양은 구차하게 보이지만 실상은 부자라는 말.
- 外柔內剛 (외유내강): 겉으로 보기에는 부드러우나 속은 꿋꿋하고 강함.
- 外虛內實 (외허내실): 겉은 허한 듯 보이나 내용은 실하다는 뜻으로 겉은 허술하지만 그 내용만큼은 알차다는 말.
- 樂山樂水 (요산요수): 산과 물을 좋아한다는 뜻으로 산수, 곧 자연을 좋아하고 즐긴다는 말.
- 燎原之火 (요원지화): 거세게 타는 벌판의 불길이라는 뜻으로, 미처 방비할 사이 없이 퍼지는 세력을 형용하는 말.
- 欲速不達 (욕속부달): 일을 너무 성급히 하려고 하면 도리어 이루기 어려움을 의미한 말.
- 龍頭蛇尾 (용두사미): 용의 머리와 뱀의 꼬리라는 뜻으로 처음은 그럴듯하다가 나중엔 흐지부지함.
- 愚公移山 (우공이산): 옛날 우공이 자기 집 앞의 산을 딴 곳으로 옮겼다는 고사로 불가능한 일도 끊임없이 노력하면 성취할 수 있다함을 비유한 말.
- 優柔不斷 (우유부단): 마음이나 결단력이 부족하여 끝을 맺지 못함을 이르는 말.
- 牛耳讀經 (우이독경): 「쇠 귀에 경 읽기」란 뜻으로, 가르치고 일러 주어도 알아 듣지 못함을 비유하는 말. (동) 우이송경(牛耳誦經)
- 雲泥之差 (운니지차): 구름과 진흙은 차이가 크다라는 뜻으로 서로 차이가 너무 큰 사물을 빗대어 천양지차와 같이 쓰이는 말.
- 雲樹之懷 (운수지회): 그 옛날의 구름과 무성했던 나무를 품는다는 뜻으로 마음속에 품은 친구를 그리워한다는 말.
- 遠交近攻 (원교근공): 먼곳에 있는 나라와 우호 관계를 맺고 가까이 있는 나라를 하나씩 쳐들어 감.
- 危機一髮 (위기일발): 조금이라도 방심할 수 없는 위급한 순간.
- 韋編三絶 (위편삼절): 공자(孔子)가 주역을 너무 즐겨 읽어 그 책의 가죽끈이 세 번이나 끊어졌다는 고사로 책을 열심히 읽음을 비유한 말.
- 有口無言 (유구무언): 입은 있으나 말이 없다는 뜻으로, 변명할 말이 없거나 변명을 못함을 이름.
- 類萬不同 (유만부동): 비슷한 부분은 많지만 서로 같지 않다는 뜻으로 자신과 그것이 분수에 맞지 않거나 정도를 넘어설 때이르는 말.
- 有名無實 (유명무실): 이름 뿐이고 그 실상은 그렇지 않거나 없음.
- 柳眉蜂腰 (유미봉요): 버들잎 같은 눈썹에 벌(개미)같은 가늘한 허리란 뜻으로 미인의 자태를 지칭한 말.
- 流水不腐 (유수불부): 흐르는 물은 썩지 않는다는 뜻으로 많이 생각한 만큼 많이 행동하고 실행하라는 경계하여 비유한 말.
- 有耶無耶 (유야무야): 있는 듯 없는 듯 하다는 뜻으로 어떤 일이 흐지부지 해지거나 사안을 흐지부지 처리함을 이르는 말.
- 遊必有方 (유필유방): 나가서 놀 때에는 반드시 그 행방을 알려라는 뜻으로 밖에 나갈 때는 부모님께 반드시 행선지를 알려 드려야 한다는 말.
- 隱忍自重 (은인자중): 마음속으로 괴로움을 참으며 몸가짐을 조심함.
- 陰德陽報 (음덕양보): 남 모르게 덕을 쌓은 사람은 뒤에 남이 알게 되고 보답도 받게 된다는 말.
- 吟遊詩人 (음유시인): 떠돌아 다니는 시인이란 뜻으로 자연을 벗삼아 이곳저곳 산수를 즐기며 각지를 돌아다니는 시인을 이르는 말.
- 吟風弄月 (음풍농월): 맑은 바람과 밝은 달을 벗 삼아 시를 읊으며 즐겁게 지내는 것.
- 意氣揚揚 (의기양양): 무엇을 하고자 하는 적극적이고 장한 기개가 드높다라는 뜻으로 의기가 드높아 매우 의젓한 행동의 모습을 이르는 말.
- 以德服人 (이덕복인): 덕으로써 아랫사람들을 복종케 한다는 뜻으로 완력보다는 덕으로써 다스리면 복종과 우러름을 저절로 받게 된다는 말.
- 耳目口鼻 (이목구비): 귀, 눈, 입, 코란 뜻으로 눈, 코, 입 등의 표현보다는 그것들이 있는 얼굴을 지칭한 말.
- 以心傳心 (이심전심): 말이나 글에 의하지 않고 마음과 마음으로 전달 됨. (비) 心心相印(심심상인)
- 以熱治熱 (이열치열): 열은 열로써 다스린다는 뜻으로 어떤 세력 따위를 그 세력으로 다스림.
- 已往之事 (이왕지사): 이미 지나간 일. (동) 已過之事(이과지사)
- 二律背反 (이율배반): 서로 모순되는 두 명제가 동등한 권리로 주장되는 일.
- 以夷制夷 (이이제이): 다른 나라를 이용하여 정벌하고자 하는 나라를 물리친다는 뜻으로 병법의 하나.
- 益者三友 (익자삼우): 벗에는 이로운 벗이 셋 있다라는 뜻으로 사귀어 자신에게 유익한 세 벗이란 정직한 벗, 신의가 있는 벗, 지식이 있는 벗이 곧 그것임.
- 因果應報 (인과응보): 사람이 짓는 선악의 인업에 응하여 과보가 반드시 있다는 뜻.
- 人面獸心 (인면수심): 겉은 사람이나 마음은 짐승과 같음.
- 人山人海 (인산인해): 사람이 산같이 바다같이 모인다는 뜻으로 사람이 아주 많이 모여 군중을 이루고 있는 상태를 말함.

- 因循姑息 (인순고식) : 구습을 버리지 못하고 목전의 편안한 것만을 취함.
- 仁義禮智 (인의예지) : 사람 본성의 네가지 마음씨인 사단(四端), 곧 인(仁)의 측은지심, 의(義)의 수오지심, 예(禮)의 사양지심, 지(智)의 시비지심을 말함.
- 因人成事 (인인성사) : 남의 힘으로 일이나 뜻을 이룸.
- 仁者無敵 (인자무적) : 어진 사람에게 적이 없다는 뜻으로 어진 사람은 모든 사람을 사랑하므로 세상에 적이 없다는 말.
- 仁者樂山 (인자요산) : 어진이는 의리에 만족하여 몸가짐이 진중하고 그 후덕함이 산 같아 산을 좋아한다는 말.
- 一擧兩得 (일거양득) : 한 가지 일로 두 가지의 이득을 봄.
- 一怒一老 (일노일로) : 일소일소(一笑一少)의 반대성어로 한번 화낼 때마다 한번 더 늙는다는 말.
- 一網打盡 (일망타진) : 한 그물에 모두 다 모아 잡음. 곧 한꺼번에 모조리 체포함.
- 一脈相通 (일맥상통) : 솜씨·성격·처지·상태 등이 모두 같음을 알 수 있음.
- 一目瞭然 (일목요연) : 선뜻 보아도 똑똑하게 알 수 있음.
- 一絲不亂 (일사불란) : 한 오라기의 실도 어지럽지 않음. 곧 질서가 정연하여 조금도 헝크러진 데나 어지러움이 없음.
- 一瀉千里 (일사천리) : 강물의 물살이 빨라서 한 번 흘러 천리에 다다름. 곧 사물의 진행이 거침없이 빠름을 말함.
- 一魚濁水 (일어탁수) : 한 마리의 물고기(미꾸라지)가 물을 흐린다는 뜻으로, 곧 한 사람의 잘못으로 인하여 여러 사람이 그 피해를 받게 됨의 비유.
- 一言之下 (일언지하) : 한 마디로 딱 잘라 말함. 두 말할 나위 없음.
- 一日三秋 (일일삼추) : 하루가 삼년 같다는 뜻으로, 몹시 지루하거나 기다리는 때에 쓰이는 말. (동) 一刻如三秋(일각여삼추)
- 一字無識 (일자무식) : 한 글자도 알지 못한다는 뜻으로 그만큼 무식하고 무지하다는 말.
- 一場春夢 (일장춘몽) : 한바탕의 봄꿈처럼 헛된 영화를 이르는 말.
- 日就月將 (일취월장) : 나날이 다달이 진전함.
- 一敗塗地 (일패도지) : 한 번 패하여 땅 바닥의 길이 된다는 뜻으로 여지없이 패하여 다시 일어설 수 없게 됨을 이르는 말.
- 一攫千金 (일확천금) : 애쓰지 않고 한꺼번에 많은 재물을 얻음.
- 臨機應變 (임기응변) : 그때 그때의 일의 형편에 따라서 융통성 있게 잘 처리함.
- 臨戰無退 (임전무퇴) : 싸움터에 임하여서나 경쟁에서 물러섬이 없음을 이르는 말.
- 自家撞着 (자가당착) : 자기가 한 말이나 행동의 앞 뒤가 모순되는 것.
- 自繩自縛 (자승자박) : 자기 줄로 제 몸을 옭아 묶는다는 뜻으로, 자기 마음씨나 언행(言行)으로 말미암아 제 자신이 행동의 자유를 갖지 못하는 일.
- 自畵自讚 (자화자찬) : 자기가 그린 그림을 자기가 칭찬한다는 말로, 자기의 행위를 스스로 칭찬함을 이름.
- 作舍道傍 (작사도방) : 무슨 일에나 이견(異見)이 많아서 얼른 결정 못함을 이르는 말.
- 作心三日 (작심삼일) : 한 번 결심한 것이 사흘을 넘기지 못한다는 말로 마음이 유약하거나 결심이 굳지 못함을 가리키는 말.
- 賊反荷杖 (적반하장) : 도둑이 도리어 매를 든다는 뜻으로, 잘못한 사람이 도리어 잘한 사람을 나무랄 경우에 쓰는 말.
- 赤手空拳 (적수공권) : 맨손과 맨주먹이란 뜻으로 아무것도 가진 것 없는 빈털털이 신세를 이르는 말.
- 積如丘山 (적여구산) : 산더미같이 많이 쌓였다는 뜻으로 지천으로 많이 깔린 사물 등을 비유하여 이르는 말.
- 適材適所 (적재적소) : 적당한 재목을 적당한 자리에 씀.
- 電光石火 (전광석화) : 번개불과 부싯돌의 불. 곧 극히 짧은 시간이나 매우 빠른 동작을 말함.
- 轉禍爲福 (전화위복) : 화가 바뀌어 복이 됨. 곧 언짢은 일이 계기가 되어 도리어 행운을 맞게 됨을 이름.
- 截長補短 (절장보단) : 긴 것을 잘라 짧은 것을 보충하다는 뜻으로 자신의 장점을 이용해 단점을 보완하는 현명함을 이르는 말.
- 切磋琢磨 (절차탁마) : 옥(玉)·돌 따위를 갈고 닦는 것과 같이 덕행과 학문을 쉼없이 노력하여 닦음을 말함.
- 頂門一鍼 (정문일침) : 정수리에 침을 놓는다는 말. 곧 간절하고 따끔한 충고를 이르는 말.
- 糟糠之妻 (조강지처) : 지게미와 겨를 함께 먹었던 아내. 곧 고생을 함께 하여 온 본처.
- 朝令暮改 (조령모개) : 아침에 내린 영을 저녁에 고침. 곧 법령이나 명령을 자주 뒤바꿈을 이름.
- 朝三暮四 (조삼모사) : 간사한 꾀로 남을 속여 희롱함을 이르는 말.
- 種豆得豆 (종두득두) : 콩 심은 데 콩을 거둔다는 말로 어떤 원인이든 그에 따른 결과가 온다는 뜻.
- 坐井觀天 (좌정관천) : 우물에 앉아 하늘을 봄. 곧 견문(見聞)이 좁은 것을 가리키는 말.
- 左之右之 (좌지우지) : 왼쪽으로 움직였다 오른쪽으로 움직였다 하여 마음대로 이동시킨다는 뜻으로 제 마음대로 처리하거나 다루는 것을 말함.

- 主客顚倒 (주객전도) : 사물의 경중(輕重)·선후(先後), 주인과 객의 차례 따위가 서로 뒤바뀜.
- 晝耕夜讀 (주경야독) : 낮에는 농삿일을 하고 밤에는 글을 읽음. 곧 바쁜 틈을 타서 어렵게 공부함.
- 走馬加鞭 (주마가편) : 달리는 말에 채찍질한다는 말로, 부지런하고 성실한 사람을 더 격려함을 이르는 말.
- 走馬看山 (주마간산) : 달리는 말 위에서 산천을 구경함. 곧 바쁘고 어수선하여 무슨 일이든지 스치듯 지나쳐서 봄.
- 竹馬故友 (죽마고우) : 어릴 때부터 같이 놀며 자란 벗.
- 衆寡不敵 (중과부적) : 적은 수효가 많은 수효를 대적할 수 없다는 뜻.
- 衆口難防 (중구난방) : 뭇 사람의 말을 다 막기가 어렵다는 말.
- 重言復言 (중언부언) : 말을 중복하게 하고 한 말을 다시 한다는 뜻으로 한 말을 자꾸 되풀이함을 이르는 말.
- 至緊至要 (지긴지요) : 더할 나위 없이 긴요함.
- 之東之西 (지동지서) : 생각없이 동쪽으로 갔다 서쪽으로 갔다함을 뜻한 말로 줏대없이 이리 쏠리고 저리 쏠리며 갈팡질팡함을 이르는 말.
- 指東指西 (지동지서) : 동쪽을 가리키고 서쪽을 가리킨다는 뜻으로 근본적이고 본론적인 것에는 근접 못하고 딴 것을 가지고 이러쿵 저러쿵함을 이르는 말.
- 指鹿爲馬 (지록위마) : 웃사람을 속이고 권세를 거리낌없이 자기 마음대로 휘두르는 것을 가리키는 말.
- 支離滅裂 (지리멸렬) : 순서없이 마구 뒤섞여 갈피를 잡을 수 없는 상태로 점차 없어짐을 말함.
- 至誠感天 (지성감천) : 지극한 정성에 하늘이 감동함.
- 知而不知 (지이부지) : 알면서도 모른 체 한다는 뜻으로 자기의 이로움을 위해 다른 것들을 모른 체 술렁술렁 넘어 감을 말함.
- 知彼知己 (지피지기) : 적의 내정(內情)과 나의 내정을 소상히 앎.
- 紙筆硯墨 (지필연묵) : 문방사우로 종이와 붓 그리고 벼루와 먹을 말함.
- 知行合一 (지행합일) : 이것은 하나의 설로써 지식과 행위는 본래 하나인즉 알고 행함이 없는 지식이란 진정한 지식이 아니라는 말.
- 眞金不鍍 (진금부도) : 진짜 황금은 도금하지 않는다는 뜻으로 재능있는 사람은 숨어 있어도 그 빛을 발한다는 말.
- 進退兩難 (진퇴양난) : 나아갈 수도 물러설 수도 없는 궁지에 빠짐.
- 疾風怒濤 (질풍노도) : 몹시 세찬 바람과 성난 파도라는 뜻으로 세상이 질풍처럼 급변하고 성난 파도처럼 어지럽다는 말.
- 滄海一粟 (창해일속) : 바다와 그 주변의 아득히 넓은 곳의 모래(좁쌀) 한 톨이란 뜻으로 흔히 인간의 흔적을 빗대어 비유하기도 함.
- 天高馬肥 (천고마비) : 가을 하늘은 맑게 개어 높고 말은 살찐다는 뜻으로, 가을의 좋은 시절.
- 千慮一得 (천려일득) : 바보 같은 사람이라도 많은 생각 속에는 한 가지 쓸만한 것이 있다는 말.
- 千慮一失 (천려일실) : 천 번의 생각에 한 번의 실수라는 뜻으로 지혜로운 사람도 어쩌다가 한 번 쯤 실수할 수도 있다는 말.
- 天方地軸 (천방지축) : ①너무 바빠서 허둥지둥 내닫는 모양. ②분별없이 함부로 덤비는 모양.
- 天壤之差 (천양지차) : 하늘과 땅의 차이처럼 엄청난 차이.
- 天人共怒 (천인공노) : 하늘과 땅이 함께 분노한다는 뜻으로, 도저히 용서못함의 비유.
- 天長地久 (천장지구) : 영원 무궁한 하늘과 땅이란 뜻으로 그 하늘과 땅처럼 변함이 없이 오래 지속되길 기원하는 마음을 담고자 하는 말.
- 千載一遇 (천재일우) : 천년에 한 번 만남. 곧 좀처럼 얻기 어려운 좋은 기회.
- 天眞爛漫 (천진난만) : 꾸밈이나 거짓이 없는 천성 그대로의 순수함.
- 千篇一律 (천편일률) : 많은 사물이 변화가 없어 모두 엇비슷한 현상.
- 天下泰平 (천하태평) : 온 세상이 태평하다는 뜻으로 대개의 사람들이 먹을 것 입을 것 등 걱정없이 크게 풍족하고 편안함을 이르는 말.
- 靑雲萬里 (청운만리) : 푸른 구름 일만리. 곧 원대한 포부나 높은 이상을 이르는 말.
- 靑雲之志 (청운지지) : 남보다 훌륭하게 출세하리라는 뜻을 갖고 있음을 뜻한 말로 대개 젊은이의 웅지를 말함.
- 靑出於藍 (청출어람) : (쪽에서 나온 푸른 물감이 쪽보다 더 푸르다는 뜻) 제자가 스승보다 낫다는 말.
- 焦眉之急 (초미지급) : 불이 붙은 눈썹만큼 급한 상황이란 뜻으로 어떤 일이 몹시 다급하거나 급한 상태를 말함.
- 初志一貫 (초지일관) : 처음 품은 뜻을 한결같이 꿰뚫음.
- 寸鐵殺人 (촌철살인) : 짤막한 경구(警句)로 사람의 마음을 찔러 감동시킴을 가리키는 말.
- 推己及人 (추기급인) : 그 사람이 곧 나라고 여겨 그 사람의 곤궁함을 헤아린다는 어진 마음으로 역지사지의 의미가 다분히 있는 말.
- 春夏秋冬 (춘하추동) : 일년을 사계(四季)로 나눈 봄, 여름, 가을, 겨울을 사자구로 아울러 일컫는 말.
- 出告反面 (출고반면) : 외출할 때는 반드시 부모님께 아뢰고 귀가하여서는 부모님을 뵙고 인사드리는 것이야말로 부모님의 근심을 덜어드리는 효심이라는 말.

- 忠言逆耳 (충언역이) : 충성스럽고 바르게 하는 말은 귀에 거슬림.
- 醉生夢死 (취생몽사) : 취하여 자는 꿈 속에서 살고 죽는다는 뜻으로 평생을 아무 것도 이룬 것 없이 흐리멍텅하고 무의미하게 살아간다는 말.
- 針小棒大 (침소봉대) : 바늘만한 것을 몽둥이만 하다고 한다는 뜻으로 작은 일도 크게 부풀려 거짓으로 말하거나 과장한다는 말.
- 七顚八起 (칠전팔기) : 일곱 번 넘어지고 여덟 번 일어남. 곧 실패를 무릅쓰고 분투함을 이르는 말.
- 坦坦大路 (탄탄대로) : 평평하고 넓고 큰 길이라는 뜻으로 모든 일에 장애없이 순탄함을 이르는 말.
- 探花蜂蝶 (탐화봉접) : 꽃을 찾아 다니는 벌과 나비라는 뜻에서, 여색에 빠지는 것을 가리키는 말.
- 泰然自若 (태연자약) : 어떤 충동을 당하여도 듬직하고 천연덕스러운 의연함.
- 破竹之勢 (파죽지세) : 대를 쪼개는 기세. 곧 막을 수 없게 맹렬히 나아가는 기세.
- 布衣之交 (포의지교) : 선비 시절에 사귄 벗이라는 뜻으로 오늘날 학창시절의 동문의 벗을 지칭하여 일컬음.
- 表裏不同 (표리부동) : 마음이 음흉하여 겉과 속이 다름.
- 豹死留皮人死留名 (표사유피 인사유명) : 표범은 죽어서 가죽을 남기고 사람은 죽어서 이름을 남긴다는 뜻으로, 사람은 죽은 후에는 명예를 남겨야 한다는 말.
- 風前燈火 (풍전등화) : 바람 앞에 켠 등불이란 뜻으로, 사물이 매우 위급한 자리에 놓여 있음을 가리키는 말.
- 匹馬單騎 (필마단기) : 혼자 말을 타고 간다는 뜻으로 어떤 사안의 문제를 홀로 책임을 안는다는 말과 어떤 일에 매진할 때 홀로 의지를 굳세게 한다는 말.
- 鶴首苦待 (학수고대) : 학처럼 목을 길게 늘여뜨리고 몹시 기다린다는 뜻으로 어떤 소식이나 누군가를 애타게 기다린다는 말.
- 漢江投石 (한강투석) : 한강에 돌던지기. 곧 아무리 애써도 보람 없음을 이르는 말.
- 含憤蓄怨 (함분축원) : 분함과 원망을 품음.
- 咸興差使 (함흥차사) : 한 번 가기만 하면 깜깜 무소식이란 뜻으로, 심부름꾼이 가서 소식이 아주 없거나 회답이 더디 올 때에 쓰는 말.
- 行雲流水 (행운유수) : 떠다니는 구름과 흐르는 물이란 뜻으로 만사 집착함이 없이 순리따라 유유히 자유롭게 처신함을 이르는 말.
- 虛心坦懷 (허심탄회) : 마음 속에 아무런 사념없이 품은 생각을 터놓고 말함.
- 虛張聲勢 (허장성세) : 없으면서 베풀 듯 실속은 비어있으면서 허세로만 떠벌리거나 큰소리치는 것을 이르는 말.
- 軒軒丈夫 (헌헌장부) : 처마에 맞닿을 헌칠하고 외모 또한 준수하며 활달한 남자, 대개 그러한 청년을 이르는 말.
- 賢母良妻 (현모양처) : 어진 어머니이면서 또한 착한 아내.
- 螢雪之功 (형설지공) : 갖은 고생을 하며 학문을 닦은 보람.
- 狐假虎威 (호가호위) : 남의 권세에 의지하여 위세 부림을 비유한 말.
- 糊口之策 (호구지책) : 가난한 살림에서 겨우 먹고 살아가는 방책.
- 好事多魔 (호사다마) : 좋은 일에 마가 낀다는 뜻으로 좋은 일이 있어도 지나치게 좋아하지 말아야 한다는 경계의 말.
- 好生惡死 (호생악사) : 살기를 열망하고 매우 싫어한다는 뜻으로 죽는다하는 사람이 더 삶에 집착한다는 말.
- 浩然之氣 (호연지기) : ①하늘과 땅 사이에 가득 차 있는 넓고 큰 원기(元氣). ②도의에 뿌리를 박고 공명 정대하여 스스로 돌아보아 조금도 부끄럽지 않은 도덕적 용기.
- 昏定晨省 (혼정신성) : 밤에 잘 때에 부모의 침소에 가서 편히 주무시기를 여쭙고, 아침에 다시 가서 밤새의 안후를 살피는 일.
- 紅爐點雪 (홍로점설) : 빨갛게 달아오른 화로에 눈이 내리면 순식간에 녹아 버리고 만다는 말로, 큰 일을 함에 있어서 작은 힘이 아무런 보탬이 되지 못함을 비유하는 말.
- 畵龍點睛 (화룡점정) : 옛날 명화가가 용을 그리고 눈을 그려 넣었더니 하늘로 올라갔다는 고사로 곧, 사물의 긴요한 곳, 또는 일을 성취함을 이르는 말.
- 畵蛇添足 (화사첨족) : 쓸데 없는 짓을 덧붙여 하다가 도리어 실패함을 가리키는 말. 蛇足(사족)
- 畵中之餠 (화중지병) : 그림의 떡. 곧 실속 없는 일을 비유하는 말.
- 換骨奪胎 (환골탈태) : 딴 사람이 된 듯이 용모가 환하게 트이고 아름다워짐.
- 患難相救 (환난상구) : 근심이나 재앙을 서로 구하여 줌.
- 荒唐無稽 (황당무계) : 말의 근거가 전혀 없고 터무니없이 허황함을 이르는 말.
- 會心之友 (회심지우) : 서로 마음 맞아 만나는 벗이라는 뜻으로 서로 죽이 맞고 의지가 통하는 절친한 벗을 말함.
- 興盡悲來 (흥진비래) : 즐거운 일이 다하면 슬픈 일이 옴. 곧 세상 일은 돌고 돌아 순환됨을 이르는 말.